AU ROI

ET AUX CHAMBRES,

SUR LES VÉRITABLES CAUSES

DE LA RUPTURE AVEC ALGER

ET

SUR L'EXPÉDITION QUI SE PRÉPARE.

PARIS, IMPRIMERIE DE CAI

AU ROI

ET

AUX CHAMBRES,

SUR LES VÉRITABLES CAUSES

DE LA RUPTURE AVEC ALGER

ET

SUR L'EXPÉDITION QUI SE PRÉPARE;

PAR

ALEXANDRE DE LABORDE,

DÉPUTÉ DE LA SEINE, etc., etc.

Justum est bellum quibus necessarium; et pia arma, quibus, nulla, nisi in armis, relinquitur spes.

TITE-LIVE, lib. IX, cap. x.

« O que les rois doivent prendre garde aux guerres qu'ils entreprennent! Elles doivent être justes; ce n'est pas assez: il faut qu'elles soient nécessaires pour le bien public. Le sang des peuples ne doit être versé que pour sauver ce même peuple dans des besoins extrêmes. »

FÉNÉLON, *Télémaque*, tome II, liv. XVII.

A PARIS,

CHEZ TRUCHY, LIBRAIRE,

BOULEVARD DES ITALIENS.

~~~

1830.

CHAPITRE PREMIER.

De la Piraterie.

> Dès que les Grecs et les Barbares commencèrent à parcourir les mers, ils s'adonnèrent à la piraterie, sous la conduite d'hommes puissans, et ce métier non seulement n'était point honteux, mais il passait pour honorable.
>
> THUCYDIDE, lib. 1, cap. 5.

Il faut qu'il y ait une sorte de gloire, de satisfaction, à braver des dangers quelconques, une sorte d'orgueil à s'établir en guerre avec le genre humain, puisque cette vie aventureuse a marqué le berceau de presque tous les peuples anciens (1) et du moyen âge (2); puisqu'enfin elle a résisté à la civilisation des temps modernes. Quelle est ta profession? dit Ménélas à Télémaque (3); parcours-tu les mers pour tes affaires, ou es-tu un de ces pirates qui porte l'effroi par sa présence. Les pre-

---

(1) Sext. Empyricus, Pyth. Hyp., lib. III, cap. 24.—Thucydide scoliaste, Polyb., lib. IV. — Latrocinia nullam quy ent infamiam quæ extrà fines civitatis fiunt, Cæsar, de bel. gal., lib. VI, cap. 21.

(2) Olaus Wormius ad mon. Las. Les rois danois exerçaient eux-mêmes la piraterie. — La ligue anscatique fut en partie fondée contre les frères Vitaliens.

(3) Hom. Odys., lib. III, v. 73. — Enstlah. ad Hom., 1457 et 1475.

miers temples de la Grèce (4) et les dernières
églises élevées sur cette terre célèbre (5) furent
bâties du produit de la piraterie. L'eau lustrale
paraît absoudre les crimes où la superstition trouve
quelque avantage (6); mais à certaines époques cependant, le cri de l'humanité toute entière se faisait entendre; des hommes généreux se croisaient
contre *ces ennemis communs des peuples*, (7) et
trouvaient la récompense de leurs travaux dans les
hommages de la postérité (8). La destruction des
pirates fit plus de gloire à Pompée, dit Plutarque,
qu'aucune de ses autres expéditions, quoiqu'elle ne
lui méritât point le triomphe, et en effet jamais

---

(4) Le temple de Jupiter Olympien, Pausan., lib. V.

(5) La nouvelle église de Tine, qu'on aperçoit de Syra et de
très-loin en mer, a été construite dernièrement du produit de
la piraterie. Sur chaque bâtiment grec de pirate il y avait
un prêtre qui présidait au partage du butin et retenait la part
destinée à l'église. Il surveillait en même-temps l'observation
exacte des jeûnes et des prières. Ce qui ajoutait à la bizar-
rerie de cet usage, c'est que la plupart de ces navires portaient
le nom des héros les plus vertueux de l'antiquité. J'ai connu
à Tripoli un capitaine marchand, de Gênes, qui avait été dé-
valisé par *le Phocion*; il avait sauvé sa montre et quelques effets
qui lui furent enlevés deux jours après par....... l'EPAMI-
NONDAS!

(6)   O nimium faciles, qui tristia crimina cœdis,
           Fluminea tolli posse putatis aqua.
                                    OVID., Fast.

(7) *Omnium mortalium hostes*, Plin., 2, Cicer. in Ver., 4, 9.

(8) La victoire de Bacchus sur les pirates était représentée
sur la frise du monument de Lysicrate. V. Stuart. athens, et

entreprise ne fut conduite avec plus d'habileté et de succès. (1) La Méditerranée toute entière était infestée de brigands qui paralysaient le commerce et menaçaient Rome même de la famine ; des gens riches encourageaient leurs dépradations. Le luxe régnait à bord de leurs bâtiments. La musique s'y mêlait aux cris de guerre. Pompée, nommé pour les détruire, répartit habilement ses forces sur plusieurs points, et en donna le commandement à des généraux déjà célèbres, les Métellus, Pompée, Caton, Cœpion. Alors simultanément ils se précipitèrent sur les pirates, les enveloppèrent dans un vaste filet, après avoir détruit partout leur repaire, transporta ceux auxquels il accorda la vie sur les côtes de la Cilicie où il éleva une ville dont les élégants portiques rappellent encore aujourd'hui son le nom (2). Cette utile entreprise, dit Florus, réunit toutes les conditions du succès. Promptitude, elle fut terminée en quarante jours ; bonheur, elle ne coûta pas la perte d'un navire ; durée, il ne se représenta plus de pirates.

Cet exemple n'aurait-il pas dû être suivi dans les temps modernes ; que de vœux ne forme-t-on pas depuis des siècles pour que les puissances de la chrétienté se réunissent, se concertent dans le but de

---

Minos dut sa principale célébrité, à ses efforts contre eux. Thucydid., lib. I. Arist. Pol., lib. 2, cap. 5.

(1) Plutarque, vie de Pompée.

(2) *Pompéiopolis*, à six lieues de Tharsus, sur les côtes de la Caramanie, il y reste 60 colonnes debout.

détruire ces repaires de brigands qui entravent les communications, paralysent le commerce et occupent sans profit un sol fertile. Cette grande pensée fut au moment de se réaliser il y a peu d'années à une de ces époques si rares dans l'histoire, où les chefs des nations, réunis d'abord par l'adversité et bientôt par la joie du triomphe, étaient accessibles à tous les sentiments généreux. Cette question fut agitée aux différents congrès de Vienne, de Laybach et d'Aix-la-Chapelle, sur la proposition d'un noble amiral anglais; et un engagement même fut pris à cet égard (1). Mais bientôt l'influence des intérêts privés, des vues étroites, détournèrent de s'en occuper; la civilisation de l'Afrique, qui en aurait été la suite, l'union de cette partie du monde aux autres fut indéfiniment ajournée; elle aura lieu cependant par la force des choses, par le mouvement qui s'opère aujourd'hui dans l'empire ottoman, et on peut prévoir l'époque où ces vastes contrées suivront de proche en proche l'exemple qui leur est donné par la Grèce et l'Égypte. La ville de Didon et d'Annibal, la patrie des Caton et de St-Au-

---

(2) Il est consigné dans le protocolle des conférences d'Aix-la-Chapelle. Conformément à cette disposition, une escadre anglaise et française, sous les ordres des amiraux Freemantle et Jurien, fut envoyée, en septembre 1819, à Alger, pour signifier au dey que les grandes puissances réunies en congrès à Aix-la-Chapelle, avaient adopté la résolution de faire cesser la piraterie des états barbaresques; ils eurent à ce sujet une entrevue avec le dey, dans laquelle ils ne purent rien obtenir, qui n'eut aucune suite.

gustin, sortiront de leurs ruines et ouvriront un passage à l'Europe pour pénétrer dans les mystérieux déserts de l'Afrique, et y porter ou y trouver peut-être la civilisation. Mais s'il eût été désirable de hâter ce moment par le concours de toutes les puissances de l'Europe, quelle folie ne serait-ce pas à une d'elles de l'entreprendre seule, et de se faire ainsi le champion du genre humain, et cela sur un point seulement, sans moyens de le conserver, sans but dans l'avenir, et dans une saison qui a fait échouer toutes les entreprises de ce genre. L'exposé de ces différentes tentatives nous a paru le meilleur argument pour en ajourner une nouvelle, si toutefois la présomption et d'autres intérêts également étrangers à l'humanité peuvent sacrifier quelque chose à l'expérience.

CHAPITRE II.

De l'existence d'Alger et des différentes tentatives faites pour
la détruire.

.... Piratica puppis
Quæ, cunctis infensa fretis scelerumque referta
Divitiis, multasque dia populata carinas.
CLAUD. Con bon. C. XXVIII.
Utque rapax, stimulante fame, cupidusque cruoris,
Incustoditum captat ovile lupus.
OVID. Tris. I. VI.

Sur cette longue étendue de *côtes inhospitaliè-
res* (1), parmi tous ces peuples qui exploitent la domination du vol, sous les yeux et du consentement
des princes de l'Europe, Alger élève sa tête altière
et semble porter le diadême de ce monstrueux
empire. Bâtie en amphithéâtre sur le penchant
d'une montagne, chacun de ses habitans peut con-
templer avec orgueil les mers, ses vastes domaines. On sait à peine ce qu'était cette ville autrefois. Les peuples qui la fondèrent résistèrent long-
temps aux Romains. Soumis depuis aux Vandales,
conquis par Bélisaire, gouvernés par des califes,
ils virent bientôt arriver sur leurs côtes les hordes
fugitives des Arabes de l'Espagne. Le terrible Xi-
ménès, qui les poursuivait plutôt pour les conver-
tir que pour les soumettre, pour les exterminer,

---

(1) *Inhospitalittora*. Ovid.

que pour occuper le pays, les confondit dans sa haine et dans ses victoires.

Après la prise de Grenade et l'occupation du royaume de Naples, il débarqua avec une armée nombreuse sur ces côtes. Son attaque d'Oran est un modèle des expéditions de ce genre. La troisième partie du monde, qui manquait à la domination universelle de l'Espagne allait lui être réunie, si deux hommes de génie, deux frères sortis de rangs obscurs, n'étaient arrivés au secours de ces contrées pour y développer le système singulier auquel ils devaient déjà leur fortune et leur puissance.

Les deux corsaires, connus en Europe sous le nom de Barberousse, après des succès variés, réussirent à s'emparer du territoire d'Alger et de toute la côte. Le dernier, Khaïr-Eddin, le rival de Charles-Quint, qui avait dédaigné la couronne pour manier plus commodément le glaive, choisit cette ville pour la capitale, non pas de ses domaines, mais de ses déprédations. Là, comme dans un nid de vautours, il déposa le germe de cette domination singulière, de cette redevance générale du genre humain. Les mers furent taxées par lui comme un sol fertile, les hommes traqués et vendus comme des troupeaux. Partout retentirent ces mots nouveaux de *captif, esclavage, corsaire, prison, bagnes*, qui imprimèrent la terreur sur toutes les côtes. Cervantes et Régnard devaient un jour porter leurs chaînes. Des ordres militaires (1)

_____

(1) Les chevaliers de Rhodes et de Jérusalem.

se consacrèrent à les combattre ; d'autres, plus hum-
bles (1), furent fondés pour acheter leur clémence.
La religion et la bienfaisance vinrent ainsi au secours
du malheur que la politique ne pouvait plus protéger. En effet, fatigués d'une lutte éternelle avec ces
pirates, les gouvernements avaient fini par trouver
meilleur marché de leur payer un tribut, que de les
combattre. Mais encore ces honteuses transactions
ne suffisaient pas toujours, et à différentes époques,
des infractions aux traités forcèrent à recourir aux
armes et à se précipiter sur ces volcans pour en
étouffer, au moins pendant quelque temps, l'ex-
plosion. Les Espagnols firent contre eux plusieurs
tentatives inutiles (2), lorsqu'enfin Charles V, ir-
rité de cette lutte odieuse, de ces insultes réitérées, résolut d'accabler de tout son poids le repaire d'où partaient tant de désastres. Le succès
de son expédition de Tunis, la délivrance de vingt
mille captifs chrétiens, l'encouragèrent à tenter un
dernier effort. Cette entreprise devait exciter au
plus haut degré l'enthousiasme religieux et chevaleresque de ce temps. Aussi, de tous côtés, les guer-
riers se présentèrent pour faire partie de l'expédition dont il prit lui-même le commandement.

Quatre cents bâtiments de toute grandeur furent
équipés pour transporter vingt-deux mille hommes et peut-être un nombre égal de femmes et

---

(1) Les ordres de la Mercy et des Trinitaires.

(2) La dernière, en 1517, sous l'amiral de Véro, avec 10,000
hommes de troupes.

de domestiques, etc., qui semblaient attirés par une expédition qui avait plutôt l'air d'une fête que d'une entreprise guerrière.

Charles V, dédaignant trop ses méprisables ennemis, ne prit aucune précaution contre les obstacles qu'il pouvait rencontrer. Il n'étudia ni la saison, ni la nature du sol : il semblait craindre même une soumission trop prompte, une conquête trop facile. Il n'eût point égard aux conseils d'André Doria, qui le conjurait de remettre son expédition au printemps, et de ne pas exposer sa flotte à une destruction presque inévitable, dans une saison pendant laquelle les vents étaient toujours violents sur les côtes de la Barbarie. Les remontrances du pape, qui appuyaient celles de Doria, n'eurent pas plus d'effet sur lui; cependant les mauvais temps qui se succédaient, ayant retardé la réunion de ses armemens à Mayorque, qu'il avait choisi pour rendez-vous général, il ne put mettre à la voile que le 15 de septembre 1541. Sa flotte se composait de soixante-dix galères, de deux cents gros vaisseaux de charge et de cent autres plus petits, portant six mille fantassins espagnols, cinq mille italiens, huit mille allemands, deux mille hommes de cavalerie, la plupart vieux soldats, et trois mille volontaires, en outre un approvisionnement considérable de vivres et de munitions de guerre.

La navigation fut longue et périlleuse, et les forces réunies de l'empereur ne purent se présenter devant Alger que le 20 octobre.

Lorsqu'il s'approcha de la côte, l'agitation de la mer et la force du vent, ne permirent pas aux troupes de débarquer, et ce ne fût que le lendemain qu'il put mettre à terre son infanterie, qui avait de l'eau jusqu'au cou, quelques chevaux et neuf pièces d'artillerie de campagne; le débarquement se fit dans la baie même d'Alger, entre la ville et la rivière d'*El-Haraleh*.

Quelques corps d'Africains essayèrent de s'opposer au débarquement; mais le feu de l'artillerie les dispersa aisément, et l'armée se forma sans obstacles, à peu de distance de la mer.

Hassan-Aga, renégat sarde, qui jouissait de toute la confiance de Barberousse, et qui l'avait méritée par son habileté et son courage, commandait dans la place, où il n'avait pour se défendre, que huit cents janissaires et cinq à six mille hommes, moitié naturels du pays, moitié réfugiés de Grenade. Il répondit fièrement à la sommation insolente du parlementaire, qui lui ordonna de quitter la place. Mais cependant la vue de cette escadre formidable qui se présentait, l'aspect de cette armée qui avait battu les soixante mille hommes de Barberousse auraient peut-être ébranlé sa résolution, lorsque, par une circonstance assez commune dans l'Orient, un de ces derviches, de ces espèces de fous inspirés, qui exercent sur le peuple une grande influence, s'approcha de lui, suivi de la foule et des principaux habitants, déclara qu'il ne souffrirait, à quelque prix que ce fut, qu'il rendit la place que des braves avaient acquise au prix de leur sang, qu'il prédisait que la ville serait délivrée avant la fin de la lune. Obligé de céder à l'influence de ce fou, et de l'effet qu'il avait produit, Hassan se prépara à une vigoureuse résistance.

L'infanterie espagnole, qui avait bivouaqué la nuit précédente sans feu, n'avait ni tentes, ni bagages, etseulement pour trois jours de vivres. L'empereur forma néanmoins son armée, plaçant ses Espagnols à gauche (1), les Allemands au centre, l'infanterie italienne (2) à droite et les volontaires avec ce qu'il avait de cavalerie, en réserve, et il marcha dans cet ordre vers la ville. Ses troupes avançaient avec une lenteur extrême, à cause des obstacles que rencontrait son artillerie pour traverser les sables et monter les hauteurs qui bordent le rivage. Les Arabes et les Chames qui accouraient en foule au secours de la ville, harcelèrent au premier moment sa marche; mais le feu d'un corps de mousquetaires qui flanquait la gauche de son armée, les obligea à se retirer sur les montagnes, à l'ouest d'Alger. L'armée espagnole ne put toutefois parvenir dans la journée du 22, à s'établir sur les hauteurs à l'est et au sud de la ville, et trois mille Espagnols furent détachés à la nuit, pour occuper celles qui dominaient à la gauche et en chasser les Africains. La nuit fut extrê-

(1) Sous le commandement du vice-roi Ferdinand de Gonsague.

(2) Aux ordres de Camille Colonna.

mement humide, et l'armée impériale manquant
d'abris, de feu, de viande et de vin, en souffrit
beaucoup. Elle couronna, le 23, les hauteurs; les
Espagnols se retranchèrent à gauche sur le pla-
teau où se trouve maintenant le fort de l'empereur; les Allemands s'établirent sur les terrains
élevés des cimetières, et les Italiens occupèrent
la partie basse vers la porte Babasson et la mer.
L'empereur campa avec sa réserve en arrière des
Allemands, entre deux ravins profonds qui servaient de fossés, et empêchaient les Arabes de
venir l'inquiéter.

A cette époque, la place d'Alger n'était défen-
due que par une simple chemise en maçonnerie,
sans aucun ouvrage extérieur, et l'empereur, après
l'avoir reconnue, résolut de l'enlever d'assaut.
Il fut prévenu par Hassan-Aga, qui, dans la nuit
du 23, au milieu d'un orage violent, attaqua
le camp des Italiens et y causa quelque désordre;
mais aidés des chevaliers de Malte, ils se rallièrent
promptement, repoussèrent les Arabes, et les
poursuivirent même jusqu'à la porte de Barbas-
son, où l'un des chevaliers (1) planta sa dague.

Cependant les travaux du siége allaient commencer, et sans doute promptement réussir, lorsqu'une catastrophe imprévue, une véritable con-
vulsion de la nature, vint au secours de la ville
assiégée. Un ouragan furieux, accompagné d'un

(1) C'était un Français, nommé Ponce de Savignac, qui mou-
rut le lendemain de ses blessures.

déluge de pluie et de grêle, fondit tout-à-coup
sur cette multitude d'hommes entassés sans abris,
sans vêtements, sans nourriture, sur une terre qui,
en ce moment, devint un marais. Les torrents des
montagnes se répandirent sur toutes les issues, et
les malheureux soldats n'avaient d'autre moyen
de résister à la fureur des vents, qu'en enfonçant
leurs piques dans la boue pour s'en faire un appui ; une horrible confusion commença à se ma-
nifester, et *Hassan-Aga*, informé de ce désastre, y
vint mettre le comble par une attaque subite et
en poussant de grands cris. Mais ce désastre n'était
rien auprès de celui qu'offrit le lever du soleil,
et dont il est difficile de tracer le tableau. La flotte
entière dispersée, les vaisseaux arrachés de leurs
cables, heurtant les uns contre les autres, ou se
brisant contre les rochers; la mer et le rivage couverts de corps morts et de débris, une multitude
de naufragés nageant vers la plage et s'avançant
à moitié nus pour gagner les hauteurs. Bientôt
les Maures des montagnes apercevant ces malheureux, se précipitent sur le rivage pour les exterminer et se partager leurs dépouilles; rien n'est
épargné, l'âge, le sexe, le rang. Le nombre d'esclaves chrétiens devint si considérable entre leurs
mains, qu'ils ne veulent plus accorder de pardon;
une femme d'une rare beauté, couverte de bijoux
d'une grande valeur, les supplie à genoux de lui
laisser la vie; mais ils la massacrèrent inhumaine-

ment (1). Le célèbre Fernand Cortes, ainsi que le neveu et l'héritier d'André Doria, jetés sur le rivage, sont au moment d'éprouver le même sort, et le vieux Doria, témoin de ce spectacle, s'étonne de voir des larmes couler pour la première fois de ses yeux.

L'empereur arrive enfin lui-même pour secourir ces malheureux soldats, les consoler, et partager avec eux le peu de provisions qui lui restait, car toutes avaient été englouties dans ce désastre; en moins d'une heure quinze galères et cent cinquante bâtiments de transport périrent, et huit mille hommes et un grand nombre de chevaux, qui étaient encore sur leur bord, furent noyés. A midi, le vent mollit et l'on commençait à concevoir quelques espérances, lorsque la tempête se renouvela vers le soir et rendit impossible toute communication entre les vaisseaux qui n'avaient pas péri, et les troupes de terre qui passèrent la nuit dans le dénuement le plus complet et l'inquiétude la plus affreuse. Enfin une barque envoyée par Doria, vint à bout d'aborder le 26, et porta des nouvelles de l'amiral qui s'était réfugié avec ses galères sous le cap Martifoux, et priait l'empereur, dans une lettre touchante (2), de se rendre avec la plus grande

(1) La maîtresse de don Antonio Carriero. Voy. Ulloa, His. d'Esp.

(2) « Au très-auguste et invincible empereur Charles-Quint, « mon souverain seigneur, et mon cher fils par l'amour extrême « que j'ai pour lui.

« Mon cher empereur et fils, l'amour que j'ai pour vous

diligence vers cet endroit, le plus commode pour embarquer l'armée. Elle se mit en effet immédiatement en marche en trois divisions; on plaça les malades et les blessés au milieu; mais les soldats qui ne vivaient depuis quatre jours que de racines, de graines sauvages et de la chair de quelques chevaux que Charles faisait tuer et distribuer, étaient tellement épuisés par les souffrances et la misère, qu'ils n'avaient pas la force d'avancer; il en périt beaucoup dans les boues où ils enfonçaient jusqu'aux genoux, et dans les torrents tellement gonflés par les pluies, qu'en passant au gué ils avaient de l'eau jusqu'au menton; il fut quatre jours à faire quatre lieues. Enfin, le dernier octobre, il s'embarqua avec les débris de son armée, qui comptait à peine le tiers de ce qu'elle était à son départ.

Il en périt aussi un grand nombre par le fer de l'ennemi, qui harcela l'armée dans sa retraite

---

« m'oblige à vous avertir que si vous ne profitez pas, pour vous
« retirer, de l'instant de calme que le ciel vous accorde, l'ar-
« mée navale et de terre, exposée à la faim, à la soif et à la
« fureur de l'ennemi, est perdue sans ressource.

« Ne persistez pas dans une entreprise et dans des projets
« que vous avez formés malgré les sages conseils de celui qu'il
« vous plût d'honorer du nom de père, et qui vous les avait
« donnés comme au fils de ses entrailles; retirez-vous donc sur
« le cap de Martifoux où je vous irai prendre par mer.

« Je vous donne cet avis : vous êtes mon maître, et si vous
« ne le suivez pas, continuez de me donner des ordres, et je
« perdrai avec joie, en vous obéissant, les restes de cette vie
« que j'ai passée au service de vos ancêtres et de vous.

« DORIA. »

2.

jusqu'à la rive gauche du *Harat*, où Hassan cessa
sa poursuite.

On dit qu'au moment où il mit le pied sur la
galère, il arracha son diadème et le jeta dans la
mer, ne se considérant plus digne de le porter; et
en effet, cet événement eut une grande influence
sur la détermination qu'il prit bientôt de renoncer
au trône.

Une dernière tempête l'atteignit encore avant
qu'il pût gagner Bugie où il trouva heureusement
des vivres, mais où il fut retenu trois semaines par
les vents contraires. Enfin il rentra en Espagne
dans un état bien différent de celui où il avait
paru, quelques années avant au retour de sa conquête brillante de Tunis, et après s'être attiré
le reproche d'avoir perdu par l'inflexibilité de
son caractère l'élite de son armée, sa flotte, et
manqué une conquête(1) moins difficile dans une
autre saison.

Cette scène de désolation et cette victoire facile
avaient donné aux Africains pour tous les peuples
un mépris qui les encourageait à de nouvelles
agressions contre eux; elles eurent lieu en effet
pendant plus d'un siècle et sur ceux même qu'ils
avaient jusque là épargnés.

Plein de l'esprit chevaleresque qui marquait les

---

(1) On peut consulter sur cette expédition Guazzo et Vil-
lagaynoni, André Doria, et Robertson, Hist. de Charles V. —
Histoire des états barbaresques, par Morgan. — Ulloa, Hist.
d'Espagne.

premiers temps de son règne, Louis XIV voulut mettre un terme à cette honteuse situation et pensa que le meilleur moyen d'y parvenir était de s'emparer d'un point intermédiaire entre Alger et Tunis, de s'y établir pour être à portée de marcher à l'instant sur une de ces deux villes. Cette noble pensée eut son exécution en 1663. Le commandant Paul, lieutenant-général des armées navales, partit de Toulon avec une escadre de six vaisseaux et beaucoup de bâtimens de transport chargé de six mille hommes qui débarquèrent à Gigery, où la compagnie du Bastion de France avait une factorie, qui aurait pu servir de noyau à une grande colonisation; il y construisit un fort, mais la guerre qui éclata l'année suivante avec Alger et la négligence du marquis de Gadagne firent perdre cette position avant la fin de l'année et avant que le fort fût achevé. On dut alors abandonner le système de colonisation, et on se borna à combattre les Algériens sur mer. En 1664 et 1665, le duc de Beaufort remporta sur eux plusieurs victoires; mais leur existence se renouvelait toujours du produit de leur vol. Louis XIV jugea donc à propos d'exercer sur eux un châtiment exemplaire et de mettre pour quelque temps un terme à leur brigandage. Duquesne, déjà célèbre, fut le champion chargé ainsi de la cause de l'humanité; il s'en acquitta au-delà de toute espérance, mais il faut avouer qu'il en partagea la gloire avec l'inventeur d'un nouveau moyen de destruction si connu depuis, mais qui n'avait pas encore été employé;

c'était d'appliquer aux vaisseaux l'usage des mortiers à bombe. Le sieur Régnaut, qui en conçut l'idée, y réussit complètement. Ce fut le 23 juillet que Duquesne parti de Toulon avec une flotte de douze vaisseaux de guerre, 15 galères, 5 galiotes à bombes, 3 brulots et quelques flûtes et tartanes armés en guerre, se trouva à la vue d'Alger. La difficulté était de tenir cette flotte immobile au milieu de la mer déjà sujette aux orages dans cette saison, et d'éviter d'être affalé à la côte, mais surtout de donner aux galiotes à bombes la fixité nécessaire à leurs opérations. Duquesne et Tourville imaginèrent un moyen ingénieux ; ils envoyèrent sur des chalouppes isolées et qui avaient l'air de s'approcher seulement des murailles pour les observer, des ancres appartenant aux différents vaisseaux auxquels elles étaient amarées par un long cable. Sitôt que chacune de ces ancres furent jetées, on se servit à bord des galiotes, du câble comme de la corde d'un bac pour aller se placer très-près de la jetée et de la ville sans courir le risque d'y être porté par les flots où les vents, puisqu'elles avaient pour point d'appui les cables, et pour soutien les vaisseaux auxquels elles appartenaient. Cette manœuvre eut un plein succès ; les bombes jetées dans la ville incendièrent plusieurs maisons et causèrent un étonnement mêlé d'effroi, qui bientôt se changea en une sorte de respect pour une puissance qui disposait de forces qui semblaient surnaturelles. Un grand nombre de coups de canon ayant été tirés en vain, une atta-

que même de la garnison contre les chaloupes
armées n'ayant pas réussi, la population toute entière sortit de la ville, et le dey se vit contraint
d'envoyer le consul de France, qu'il avait mis aux
fers, traiter de la paix.

Duquesne ne voulut point entrer en négociation, et répondit qu'il était venu pour les punir,
et exiger d'eux des conditions sévères; cette réponse excita dans la ville une nouvelle émeute. Le
bombardement continua avec un nouveau désastre
pour les habitans, dont presque toutes les maisons étaient réduites en cendres. L'approche de la
saison des vents, qui rendent cette mer très hou-
leuse, força Duquesne à ramener son escadre à
Toulon; mais il acquit l'assurance que s'il n'avait
pas entièrement détruit la ville, il avait au moins
trouvé le moyen certain de le faire.

L'année suivante il commença les opérations
plutôt, et parut devant Alger le 26 juin, avec une
flotte plus nombreuse que la dernière, et il re-
commença la même manœuvre. Sept galiotes dé-
crivirent un cercle (*Voy*. le plan lettre A.) autour
du môle et plus rapprochées que l'année dernière,
furent hallés sur les ancres d'autant de vaisseaux
stationnés derrière elles et destinés à les protéger
et les recueillir. Deux bâtiments légers, le Cheval
marin à gauche et l'Etoile à droite, flanquaient les
galiotes et les protégeaient contre les galères algériennes qui auraient pu les prendre en flanc.
Dans chacune des galiotes étaient embarqués, outre l'équipage nécessaire au service des pièces, dix

gardes de la marine, dix grenadiers et dix soldats de choix, et des chaloupes commandées par des officiers; des vaisseaux leur servaient d'escorte; les ancres étaient portées et placées par les capitaines des vaisseaux de guerre, qui pendant toute l'attaque circulaient autour des galiotes et dirigeaient eux-mêmes le feu (1). A une heure après minuit, le 26 de juin, on lança quatre-vingt-dix bombes, toutes de treize à quinze livres de poudre. Le 27 il en fut jeté cent-trente; elles réussirent à peu près toutes et tombèrent où dans la ville, où dans le môle; il y en eût une qui renversa la maison de Baba-Hassan, gendre du roi; une autre engloutit une barque qui portait cent hommes.

Les Algériens ripostèrent des milliers de coups de canon, mais qui n'atteignirent qu'une chaloupe, que commandait M. de Choiseul, qui fut tué. La consternation régnait dans la ville; la populace et surtout les femmes allèrent trouver Baba-Hassan, et lui portèrent la tête de leurs maris, les membres de leurs enfants, et de l'autre le menaçant d'un poignard, demandaient à tout prix la paix. Le mufti s'était joint à elles. Baba-Hassan fit venir devant lui M. de Beaujeu, capitaine de vaisseau du roi, qui avait été fait prisonnier depuis dix-huit mois et vendu 12,000 écus. Sitôt qu'il parut, il lui fit ôter ses chaînes, et lui dit qu'il lui donnait la

---

(1) C'étaient MM. de Courville, Duquesne, duc de Mortemar, Sepville, Destrées, Choiseul, d'Ampeville, de Goultes, etc. etc.

liberté pour qu'il le conseillât dans cette circonstance. M. de Beaujeu lui dit qu'il n'avait pas d'autre parti à prendre que de se soumettre aux conditions que l'amiral français exigeait de lui. Le dey
envoya le consul et le vicaire apostolique Levacher,
traiter avec Duquesne qui exigea avant d'entrer en
négociation, et seulement pour accorder une trève,
qu'on lui livrât tous les esclaves chrétiens. La régence s'y soumit avec peine et commença à envoyer
à son bord les captifs; mais lorsqu'elle en avait
rendu cinq cent quarante-six, le 3 juillet, elle
prétendit qu'il fallait lui accorder du temps pour
réunir ceux qui étaient dispersés à la campagne
et dans les villes de sa juridiction. Duquesne ne
consentit à une prolongation de trève, qu'au préa-
lable on n'eût envoyé à son bord les otages qu'il
avait désignés lui-même, et qui lui répondraient
de la fidélité de la régence. Au nombre de ces
otages se trouvait *Hudji-Hassein*, connu sous le
nom de *Mezzomorto*, amiral d'Alger. Duquesne
fit alors entendre aux Algériens qu'il n'accorderait
la paix que sous les conditions suivantes: 1° « Que
« tous les esclaves français qui restaient dans les
« états d'Alger fussent rendus à l'instant et sans ran-
« çon; 2° que la régence payât la valeur des prises
« faites sur la nation française; 3° Que le dey en-
« voyât à Paris une ambassade solennelle pour
« demander pardon au roi des hostilités commises
« sur les vaisssaux français. »

Aussitôt que cette nouvelle se répandit dans la
ville, une forte sédition y éclata parmi les marins

et les soldats de la milice, qui ne voulaient
pas se soumettre à l'obligation de restituer ce
qu'ils avaient pris sur les Français, et Duquesne
allait faire recommencer le bombardement, lorsque Mezzomorto sollicita son renvoi dans la ville,
en promettant de venir à bout, par son crédit, de
faire rendre à l'amiral français ce qu'il exigeait ;
mais il ne fut pas plutôt de retour à Alger, qu'il se
mit à la tête des mutins, assassina le dey Hassan,
s'empara de sa place et déclara qu'il ne souscrirait
jamais aux conditions humiliantes que son prédécesseur avait acceptées.

Duquesne renouvela donc les attaques le 21
juillet. Les ravages que firent les bombes excitèrent
la rage de ces barbares qui mirent à la bouche du
canon le consul et dix esclaves français, dont les
membres furent portés par les explosions jusque
sur nos vaisseaux ; à chaque perte considérable
qu'ils éprouvaient, ils recommençaient les mêmes
atrocités. Duquesne, de son côté, continuait la destruction de la ville, dont tous les magasins, les mos-
quées, les palais étaient déjà réduits en cendre et
dont il ne serait pas resté sur pied une maison, si
les bombes n'avaient pas été épuisées, et que la
saison eût permis de continuer les travaux. A son
grand regret il fit encore voile pour Toulon, laissant devant le port d'Alger une division navale
pour le bloquer, et se proposant d'y retourner
l'année suivante ; mais les Algériens, dont toute
l'artillerie, les flottes, les magasins avaient été
détruits, pensant qu'il leur serait impossible de

réparer leurs pertes sans quelques années de repos, envoyèrent un ambassadeur à Louis XIV pour demander sérieusement la paix, qui leur fut accordée le 25 avril 1684.

Un article de ce traité en fixait la durée à cent ans. Les Algériens le rompirent en 1687.

Une nouvelle flotte de onze vaisseaux de ligne, huit galiotes, dix galères à bombes et plusieurs bâtiments légers, partit en conséquence de Toulon, en juin 1688, sous les ordres du maréchal d'Estrées. Elle mouilla en rade d'Alger le 26 juin. Les mêmes atrocités de la part des Algériens eurent encore lieu, et la même destruction de leur ville par la flotte française.

La régence demanda encore la paix quelque temps après, et le roi la lui accorda le 27 septembre 1689. Depuis cette époque il n'y a plus eu d'hostilités prolongées entre les Algériens et la France.

Cette paix fut suivie de celle de l'Angleterre, et de cette époque à 1775, où l'Espagne tenta de venger la défaite de Charles-Quint, il n'y eut plus d'expéditions importantes contre Alger. Celle de 1775 fut pour elle plus honteuse que la première, parce qu'elle n'eut rien à reprocher aux éléments : ses défaites furent dues uniquement aux mauvaises dispositions, à la saison avancée qu'on choisit encore pour l'entreprendre. Sous ce double rapport elle est utile à étudier, parce qu'elle prouve combien il est nécessaire de multiplier les précautions dans une entreprise de ce genre.

Ce fut le comte Oseilly qui forma le projet de

cette expédition, et qui en eut le commandement général (1), une escadre composée de six vaisseaux de ligne, de quatorze frégates et de vingt-quatre galiotes à bombes, ou autres bâtiments de guerre furent réunis dans le port de Carthagène, en juin 1775. Un corps d'infanterie de 21,500 hommes, et de 1,100 cavaliers, un équipage de plus de 100 bouches à feu de campagne et de siége, 4,000 mulets pour le service de l'artillerie, une grande quantité de munitions de guerre et de bouche, et d'autres approvisionnemens considérables de matériaux destinés à élever des forts, furent embarqués sur 344 navires de transport.

La procession de Corpus Christi passa le long du môle de Carthagène, et la flotte reçut la bénédiction. Les vaisseaux ornés de pavillons et de banderolles de différentes couleurs, saluèrent le Saint Sacrement d'une triple salve de toute leur artillerie.

L'immense convoi sortit de Carthagène le 15 juin ; il reçut l'ordre, vers onze heures, de mouiller dans la baie d'Olmazaron, où il resta immobile pendant six jours. Ce premier contre-temps augmenta les mésintelligences qui s'étaient manifestées pendant l'embarquement. Enfin, le signal du départ fut fait le 27, et après avoir été séparée en plu-

---

(1) Nous nous sommes servis pour cette relation du récit officiel du gouvernement espagnol, et surtout du journal de plusieurs officiers qui ont été publiés dans le voyage de Swinburn, et naguère dans le spectateur militaire.

sieurs groupes, le 29 au soir la flotte découvrit les côtes d'Afrique; elle arriva devant Alger par un vent frais de nord-ouest le 1er juillet, et mouilla, réunie dans la rade, vis-à-vis l'embouchure du *Haratel*, et forma le plus beau et le plus formidable coup-d'œil possible. On entendit un feu de mousqueterie en forme de signal, depuis la ville jusqu'au cap de Matifoux; l'amiral avait fait serrer les rangs de ses vaisseaux pour les soustraire au feu des batteries de l'ennemi; mais un fort vent du nord-est s'étant élevé dans la nuit, les bâtiments s'entrechoquèrent et se brisèrent les uns contre les autres, et il en résultait des avaries considérables.

Le 2 juillet, à sept heures, le général envoya chercher les capitaines des transports pour retirer d'eux un papier qu'ils ne devaient point ouvrir, à moins qu'ils ne fussent séparés par la tempête : à cinq heures du soir il donna des ordres pour que le débarquement se fît le lendemain ; mais la mer étant devenue très grosse à huit heures, l'expédition fut différée; les commandans firent distribuer le lendemain de nouvelles cartouches ; les soldats en avaient déjà reçu vingt-deux en Espagne, lesquelles, jointes à une pioche, un havresac pour les provisions, une bouteille d'étain pous mettre du vinaigre et de l'eau, indépendamment de leurs armes, devenaient un fardeau impossible à soutenir dans une saison aussi chaude.

Le 3 juillet, un vent frais d'est-nord-est souffla pendant tout le jour, et troubla si fort la mer, qu'il empêcha le débarquement la nuit suivante, comme le général l'avait projeté. On découvrit quelques nouveaux camps de Maures, un particulièrement à l'orient d'Alger, et on apprit qu'ils étaient parvenus à rassembler près de cent mille hommes, trente mille hommes de garnison à Alger, trente mille sous le bey de Constantine, et autant avec ceux de Bonne et de Mascara, placés sur les hauteurs qui dominent le golfe d'Alger.

Le 4 juillet, à midi, une partie des troupes fut embarquée sur les chaloupes des vaisseaux de guerre et sur les galiotes, et c'est là qu'elles commencèrent à éprouver le sentiment de toutes les misères qui les attendaient. Les ordres du jour étaient que les officiers et soldats emporteraient avec eux des provisions pour quatre jours, et qu'à huit heures du soir ils partiraient des vaisseaux afin d'être en état de débarquer le matin suivant. Les généraux avaient si souvent vanté l'abondance dont on devait jouir dès qu'on serait à terre, qu'on attendait avec impatience l'ordre pour le débarquement, le considérant comme le seul moyen de terminer des souffrances qui s'augmentaient à toute heure à bord des galiotes; car les soldats, exposés pendant quatre jours au soleil brûlant de l'Afrique, n'avaient qu'une petite quantité de mauvais biscuit, du fromage et du vin, et le terrible inconvénient de n'avoir point de place pour se coucher, ni même pour se lever de dessus leur banc : c'était bien mal les préparer à une entreprise qui demandait beaucoup de force et de vigueur d'esprit. Un calme plat régna pendant toute la nuit; la brise manqua, et le débarquement fut encore une fois différé, ce qui fut cause que les officiers et les troupes passèrent une cruelle nuit.

Enfin vers midi, le 7, un conseil de guerre fut assemblé à bord du vaisseau amiral, et dans la soirée il fut donné un ordre portant :

1° Que toutes les chaloupes et tous les canots des navires de la flotte seraient réunis à l'entrée de la nuit, à côté des vaisseaux que montaient les amiraux, commandant les divisions navales; que les troupes seraient placées dans les embarcations, par régiment et par brigade et que le débarquement s'opérerait sur la plage, entre la rive gauche du Haralet, et la première batterie des Algériens qui se trouve placée à l'ouest de l'embouchure de cette rivière.

2° Que les troupes, aussitôt qu'elles prendraient terre, seraient formées par brigade à proximité du rivage, que leur front et leurs flancs seraient couverts par de l'artillerie et par des bataillons de chasseurs qui répondraient seuls à la mousqueterie de l'ennemi ; que l'infanterie serait ensuite réunie en quatre colonnes bien serrées, marcherait en cet ordre en avant, en se faisant précéder par de l'artillerie chargée à mitraille et par des bataillons de chasseurs, et suivie par des détachechements d'ouvriers et de travailleurs munis d'outils ; qu'elle se dérigerait vers les hauteurs qui commandaient les batteries de la côte, qu'elle chasserait l'ennemi de ces hauteurs et s'y établirait.

8 juillet, à trois heures et demie, les vaisseaux

de guerre commencèrent l'attaque ; à quatre heures et demie l'amiral donna le signal du débarquement. Sept galiotes s'avancèrent pour balayer le rivage, elles étaient suivies de sept divisions de chaloupes, chaque division portant une brigade de soldats qui devaient, aussitôt après être débarqués, se former en bataille sur six de profondeur. Mais les barques furent toutes en désordre, parce qu'elles n'avaient point été séparées, ni disposées convenablement avant qu'elles quittassent le lieu du rendez-vous : ce désordre, qui pouvait causer une déroute totale, aurait pu être facilement prévenu si l'on s'était pourvu de bateaux propres à une telle opération ; heureusement on ne rencontra aucun obstacle : le moindre aurait pu être funeste. Toutefois, comme le rivage de la côte est très sablonneux, l'artillerie ne pût être débarquée qu'avec beaucoup de difficultés et de lenteur. On débarqua huit mille hommes, les compagnies de grenadiers, les volontaires d'Aragon et de Castille en tête. Les barques s'éloignèrent aussitôt pour aller chercher la seconde division, mais elle n'arriva qu'une heure après la première, et alors même il n'y eut qu'une partie des troupes qui pût gagner le rivage. Le commandant de la première division, au lieu de former les troupes en colonnes sur le rivage et de marcher serré à l'ennemi, fit avancer inconsidérément et à mesure qu'ils passaient, tous ses détachemens contre quelques pelotons de Maures qui, tapis derrière des haies d'aloës et les inégalités du sol, faisaient un feu très-meurtrier. Beaucoup de soldats, et presque tous les officiers, furent tués ou blessés avant d'avoir fait cent pas. Ceux qui étaient auprès d'eux s'avancèrent pour les soutenir, sans avoir le temps de former leurs rangs, ce qui ne pouvait être autrement, d'après la manière dont ils avaient débarqué. Quelques compagnies ne purent venir à bout de se rassembler, ayant débarqué en différents endroits et par pelotons; l'infanterie légère, pendant ce temps, fut taillée en pièce. L'inégalité du terrain faisait que chaque tas de sable devenait un petit parapet, derrière lequel les Africains se plaçaient et faisaient un feu meurtrier à mesure qu'ils se retiraient vers le pied des montagnes, éloignées de six cents pas de la mer, où ils se cachèrent dans les bois et les jardins.

Le général commanda alors à l'aile gauche d'avancer; il était six heures. Son projet était de la faire marcher jusqu'au sommet de la montagne, (la droite devant rester sur le rivage), et de former une colonne qui devait avancer au moins une lieue pour aller attaquer le château de Charles-Quint, qui commande la ville entière. La prise de ce fort aurait assuré la conquête d'Alger. Tandis que l'aile gauche marchait avec intrépidité, qu'il était difficile d'attendre dans une position si dangereuse, quelques bataillons du centre étant un peu plus avancés que les autres, se formèrent en ordre de bataille, et, avec les gardes espagnoles, firent si bien feu à droite, qu'ils défendirent le centre de la cavalerie du bey de Mascara. Ce

corps fut bientôt dispersé par leur feu et par celui du chebec d'Antonio Barcelo ; mais le bey de
Constantina, qui commendait un détachement considérable de cavalerie sur la gauche, saisit cette
occasion de conduire un troupeau de chameaux
vers la tête des gardes Wallones. Par cette attaque
inattendue, il espérait attirer leur attention, tandis qu'il détachait un corps de 15,000 chevaux
pour leur couper toute communication avec la
mer, dont ils étaient maintenant fort éloignés. Le
corps de réserve se tournant sur la gauche, se forma
pour remplir l'espace entre la mer et la colonne
des Wallones, qui étaient occupés à se mettre en
bataille pour repousser les ennemis qui les atta-
quaient de derrière les chameaux. Mais la plus
grande fermeté n'aurait pu empêcher cette
troupe isolée d'être rompue et taillée en pièces,
(car la ligne était trop faible pour résister à l'im-
pétuosité d'un tel corps de cavalerie), si M. Ac-
ton, chef d'escadre, n'avait coupé les cables et
laissé les vaisseaux s'approcher du rivage, pré-
cisément lorsque l'ennemi s'avançait au grand
galop; le feu continuel de ses canons chargés à
mitraille, non seulement les arrêta dans leur
course, mais encore les obligea de se retirer avec
beaucoup de perte.

Délivrée de ce danger, l'infanterie se retira vers
la mer en désordre, et fut malheureusement obligée d'abandonner à la furie des barbares, les soldats qui ne pouvaient la suivre.

Le général en chef avait été occupé pendant

les deux dernières heures à former un retranche-
ment avec des fascines, des sacs à terre, et des
chevaux de frise; on continua l'ouvrage et pour
couvrir le front et les flancs, on plaça quelques
canons de huit et de douze livres de balles, qui
auraient été fort utiles dans la matinée pour toutes les opérations. On demeura ainsi pendant la
meilleure partie du jour, à peu près rassurés contre les attaques de la cavalerie mauresque, mais
point du tout à l'abri des balles de leurs carabi-
nes, qui, portant au moins un tiers plus loin que
les fusils espagnols, tuèrent plus de quatre cents
hommes. Les pauvres soldats, étendus sur des sables brûlans, sans moyen de se désaltérer et de
prendre aucune nourriture, ne paraissaient point
du tout occupés des dangers qui les environnaient,
mais seulement du désir de procurer un peu de
repos à leurs membres fatigués.

Le camp établi, placé sur la rive gauche du Haratel, et à huit cents toises environ de son embouchure, était adossé à la mer. Les Algériens avaient
sur l'autre bord de cette rivière une batterie de
douze canons de gros calibre, que le feu de l'escadre n'avait pu démonter. Une seconde batterie de
dix pièces se trouvait à l'ouest et à un millier de
toises de la droite du camp; elle n'avait pas plus
été endommagée que la première par l'artillerie
des vaisseaux. Cinquante grenadiers des gardes
wallones s'en étaient bien rendus maîtres au com-
mencement du débarquement, mais n'ayant pas
été soutenus, ils furent massacrés par les Maures.

3.

Les lignes des Espagnols se trouvèrent par conséquent enfilées par une pièce de flanc de la batterie de l'est de la rivière et par une autre de celle de l'ouest, qui croisaient leur feu sur toute la longueur du camp, et y faisaient beaucoup de ravages. On essaya de s'en garantir autant que possible, en ordonnant à chaque régiment d'élever perpendiculairement à ses ailes des traverses; mais ce remède, insuffisant par lui-même, ne servit qu'à diminuer la capacité du camp et à rendre encore plus meurtrier le feu de l'ennemi qui portait sur des masses extrêmement serrées.

Chaque coup de canon enlevait sept à huit hommes, ensorte que l'armée espagnole perdit en peu d'heures six cents morts et plus de dix-huit cents blessés.

A dix heures du matin, le général Oreilly assembla un conseil de guerre, dans lequel il fut décidé qu'à quatre heures on se rembarquerait, ce qu'il était nécessaire de faire promptement, parce que l'ennemi élevait une autre batterie devant le front, sous laquelle il fallait passer, si on persistait dans cette entreprise. Il donna ordre en conséquence aux grenadiers et aux chasseurs réunis, de faire une poussée seulement, afin de protéger le rembarquement; ces troupes attaquèrent avec beaucoup de résolution, et soutinrent pendant toute la nuit les efforts des Arabes, et se replièrent les derniers, laissant cependant derrière eux quatorze pièces de campagne, deux obusiers, quelques caisses de munitions, et le camp que les ennemis vinrent occuper au moment où les grenadiers de l'arrière-garde s'éloignèrent du rivage. Il resta sur le champ de bataille treize cents hommes, et on en emmena trois mille grièvement blessés ; comme malheureusement il n'y avait d'hôpitaux que pour quatre cents hommes, les chaloupes furent employées de préférence à recevoir les blessés : ceci occasionna le plus grand désordre dans les bataillons, qui s'embarquèrent comme ils purent dans les premières chaloupes ou tartanes qu'ils rencontrèrent.

Aussitôt que les Maures furent entrés dans le camp, ils coupèrent la tête à tous les Espagnols qui avaient été tués, et les emportèrent dans des sacs pour demander la récompense qui leur avait été promise par le dey pour chaque tête de chrétien; après cela ils rassemblèrent et firent un tas des corps morts sur les fascines des retranchemens, et mirent le feu à ce monceau qui brûla pendant deux jours.

Ce récit montre jusqu'à quel point une expédition de ce genre doit être étudiée pour ne point échouer ou ne pas coûter trop de pertes. Les Turcs tirent en général très bien et ont de bons fusils. Chacun de leur coup porte. L'usage de la mousqueterie est bon en rase campagne avec des armées qui ont les mêmes armes, mais il y a disproportion à l'avantage des Turcs, s'il y a des ravins, des broussailles : alors l'artillerie seule peut éloigner ces bandes de cosaques nouveaux.

Après cette expédition malheureuse, les Espagnols se présentèrent encore devant Alger, dans les années 1783 et 1784, et bombardèrent la ville sans aucun résultat.

Depuis cette époque, quelques différents d'une nature très grave entre diverses puissances Européennes et le gouvernement d'Alger, amenèrent de temps à autre devant cette ville des armements plus ou moins considérables, hollandais, danois, etc., qui échangèrent inutilement quelques volées de canon avec les fortifications d'Alger, mais sans résultat.

En 1816, lord Exmouth se présenta en rade d'Alger avec une division anglaise, composée de 6 vaisseaux de haut-bord, 4 frégates et 2 bricks, pour demander au nom des sept grandes puissances de l'Europe, l'abolition de l'esclavage des Européens, à laquelle le dey d'Alger se refusa obstinément. A la suite de vives discussions, une rupture fut décidée, le consul-général britanique et sa famille furent arrêtés et maltraités, deux capitaines de vaisseaux qui se trouvaient à terre, blessés grièvement.

Il fut expédié l'ordre immédiat à Bône et à Oran d'y arrêter tous les Anglais et protégés anglais. Mais lord Exmouth crut devoir dissimuler cet affront, et ramena l'affaire à une sorte de conciliation; il convint avec le dey que la question de l'abolition de l'esclavage serait remise à la décision de la Porte-Ottomane. A cet effet, une frégate anglaise fut expédiée à Constantinople, conduisant un officier du dey d'Alger, chargé de cette commission.

Cependant un grand mécontentement se mani-
festa à bord de la division anglaise, et à son arrivée
à Gibraltar, l'opinion publique parut être défavo-
rable à lord Exmouth : les capitaines de vaisseaux
qui avaient été insultés et maltraités à Alger,
étaient singulièrement irrités, et l'esprit des équi-
pages fut exaspéré. Mais déjà, avant l'arrivée à
Londres, le bruit des mauvais traitements qu'on
avait fait essuyer aux agens anglais, à Bône et à
Oran, et celui du massacre des pêcheurs de corail,
ajoutèrent une telle masse de griefs contre Alger,
que la média on de la Porte-Ottomane pour l'abolition de l'esclavage, consentie par lord Exmouth,
fut rejetée par le cabinet de Londres, et une seconde expédition plus formidable de forces maritimes contre Alger fut décidée. Une corvette
anglaise, expédiée de Londres pour en donner avis au consul-général britannique, arriva à
Alger le 7 août. Le consul-général retarda de quelques jours ses dispositions. Dans l'intervalle, des
avis successifs reçus par le commerce, éveillèrent
le soupçon des Algériens. Le consul réussit à faire
évader sa femme et sa fille, déguisées en gardes
marines; mais lui-même fut surveillé de trop près
pour pouvoir se retirer. Deux canots de la corvette,
envoyés successivement à terre sous diverses pré-
textes, furent arrêtés; quatre officiers et quatorze
matelots furent jetés dans les prisons. La corvette
fut obligée de les abandonner pour aller à la ren-
contre de l'escadre anglaise.

Le consul-général, destiné à périr, fut jeté dans

le cachot des malfaiteurs, chargé de grosses chaînes, et sans nourriture; il ne dut sa subsistance qu'à un de ces malheureux qui partagea avec lui un peu de pain et d'eau.

Le 27 août, parut devant Alger l'escadre Anglaise, composée de 2 vaisseaux à trois ponts, 3 vaisseaux de 74 à 80, 1 frégate de 60, 6 frégates de 44, 5 corvettes, 5 bombardes, plus 5 frégates et 1 corvette hollandaise, 28 bâtiments de guerre, 4 cutters, 5 avisos, en tout 37 voiles destinées à attaquer des forts hérissés de canons, à opposer des batteries flottantes et fragiles à des ouvrages de pierres et casematés. Fiers de leur succès à Copenhague et à Aboukir dans ce système nouveau d'embossage, les Anglais voulurent en faire un nouvel et plus terrible essai. Ce n'est plus ici l'attitude réservée de Duquesne derrière des chaloupes à mortiers, à une longue distance; c'est un combat corps à corps de vaisseau contre des retranchements, du génie contre la force. Le séjour assez long de lord Exmouth à Alger, où il était venu trois fois, lui avait donné connaissance de la possibilité de mouiller avec son vaisseau à l'entrée même du port, de manière à prendre à revers les batteries supérieures des forts de la marine dont les canonniers furent à l'instant mitraillés et exterminés. Une frégate fut détachée avec pavillon parlementaire : elle expédia un canot à terre sous ce pavillon ; l'officier qui le montait était porteur d'une lettre de lord Exmouth au dey, par laquelle il l'informait de la décision du cabinet de Londres,

et demandait immédiatement l'abolition de l'esclavage des Européens, et qu'il fût fait réparation aux
sujets et protégés anglais.

Le dey renvoya avec mépris la lettre de lord
Exmouth, et fit dire qu'il n'avait aucune réponse
à donner; alors l'amiral anglais, qui avait eu le
temps de mouiller presqu'à l'embouchure du port,
et d'assigner à tous ses vaisseaux le poste qu'il leur
destinait, fit signal aux bombardes de s'approcher,
et au peuple qui couvrait la jetée et le môle de s'é-
loigner. Les Algériens eussent pu faire beaucoup de
mal aux Anglais avant qu'ils se fussent embossés;
mais le ministre de la marine s'opposa à ce que l'on
fît feu sur eux, avant d'en avoir obtenu l'ordre du
dey, qui annonça son arrivée prochaine au bord de
la mer; ce ne fut qu'alors que les forts commencèrent à tirer; et ce retard qui laissa à lord Exmouth
le temps de faire ses dispositions et de mouiller très
près de la côte comme parlementaire, fut une des
principales causes du succès qu'il obtint.

Les vaisseaux anglais déjà en place firent un feu
si vif, que les batteries supérieures de la marine
furent aussitôt démontées, et d'autant plus facilement que le vaisseau amiral, monté par lord Exmouth était posté à l'embouchure intérieure du
port, et les prenait à revers; *à cette époque*, une
batterie de quarante pièces de canons de gros calibre qui domine cette position, et qui depuis a
été établie, n'existait pas, mais les batteries infé-
rieures qui sont casematées et ont une épaisseur
de mur considérable, tinrent bon et continuèrent

un feu bien nourri; aussi firent-elles beaucoup de mal aux Anglais pendant dix heures consécutives que dura le combat, c'est-à-dire depuis deux heures et demie après midi jusqu'à minuit et demi. L'intérieur du port étant foudroyé par l'artillerie de l'amiral, fut bientôt abandonné, mais cette attaque terrible n'aurait cependant produit aucun résultat, sans la détermination et l'habileté des officiers de marine qui parvinrent à attacher une chemise soufrée à la frégate algérienne mouillée à l'embouchure du port, le feu excité par un vent frais, se communiqua bientôt à toute l'escadre, cinq frégates, quatre corvettes et trente chaloupes canonnières furent totalement embrasées dans l'espace de quatre heures; les choses en étaient ainsi vers minuit, lorsque deux des frégates algériennes en feu, étant poussées par le vent d'ouest sur l'escadre anglaise obligèrent lord Exmouth de couper ses cables et de se retirer avec toute son escadre à l'autre côté de la baie.

Le danger était passé pour Alger; les pertes éprouvées ne pouvaient s'élever plus haut, et la victoire pouvait être considérée comme incertaine, puisque les désastres étaient partagés. L'escadre anglaise fort (1) mal traitée, n'ayant plus de mu-

---

(1) Les Anglais avouèrent 883 hommes morts à bord de l'escadre combinée, sans compter un grand nombre de blessés, et quoi qu'on supposa le perte des Algériens plus considérable, il paraît, d'après les récensemens ultérieurs, qu'ils n'en perdirent pas d'avantage. Le vaisseau contre-amiral à trois ponts,

nitions, ne pouvait recommencer ses attaques, il eût au moins fallu qu'elle fût se ravitailler, et pendant ce temps, le dey pouvait se préparer des moyens de défense plus efficaces. Un moment de fermeté de plus, changeait en triomphe ce qui dût paraître une défaite ; mais le dey, à la sollicitation des habitants les plus considérables de sa capitale, et exposé aux menaces et au mécontentement de la populace qui entourait son palais (1), n'eût pas la fermeté d'attendre une nouvelle attaque, et sur le champ donna l'ordre de tirer de son cachot le consul, et de l'envoyer pour traiter avec lord Exmouth. Celui-ci, dissimulant sa joie, imposa au vainqueur des conditions qui furent admises. D'abord l'abolition absolue de l'esclavage des chrétiens à Alger, puis la délivrance des esclaves de toutes les nations européennes exista ' ans ce gouvernement, et sans rançon. Lord Exmouth fit dire au dey qu'il devait lui être reconnaissant de n'avoir pas exigé de lui les frais de cette expédition évalués à 5oo,ooo livres sterling. Les Pays-Bas,dont les forces s'étaient unies aux Anglais, participèrent à l'avantage de cette action mémorable; ils obtinrent la paix avec Alger et la jouissance des traités anglais.

La régence d'Alger fut sans doute accablée

un vaisseau de 74, et une frégate de 6o, furent gravement endommagés.

(1) Il transporta depuis son séjour à la citadelle nommée *Calauba*, où il renferma son trésor.

des pertes qu'elle avait essuyées, surtout de celle de son escadre; mais ses fortifications étaient restées intactes, la ville avait peu souffert, et à peine les Anglais avaient-ils le dos tourné, qu'ils reprirent leur insolence et la manifestèrent en 1823 avec plus de force, et en même temps plus de succès. Le dey obtint le renvoi du consul anglais Mac-Donnell, malgré l'assistance et les menaces d'une flotte anglaise sous le commandement de l'amiral Neale.

Fort contre toute tentative individuelle, Alger continua son existence sauvage, mettant à contribution les petits pays, bravant les autres, servant de refuge à tous les bannis et attendant qu'une lente civilisation mette enfin un terme à son existence.

CHAPITRE III.

Situation de la France avec la régence d'Alger jusqu'au moment de la transaction de 1819 et la loi du 24 juillet 1820.

> Armisque potentius æquum.
> Ovid. Fast. 3.

La rivalité de l'Autriche et de la France devait établir des rapports d'amitié entre un de ces pays et les ennemis de l'autre, et si la France put s'honorer d'une alliance avec le grand Soliman, en 1535, elle ne parut pas en dédaigner une autre à la même époque avec le corsaire Barberousse, qui joignit ses troupes aux siennes pour le siège de Nice.

La collection des traités de la France avec la Porte-Ottomane depuis 1535, sous François Ier, 1604, sous Henri IV, 1673, sous Louis XIV, enfin en 1740, sous Louis XV, sont ce qu'on appelle très improprement *les capitulations* avec la Porte-Ottomane; l'article II porte : que la France pourra réprimer les corsaires d'Alger s'ils contreviennent aux traités, et que ces hostilités ne troubleront point la paix entre la France et le Grand-Seigneur (1). Des clauses semblables et plus fortes

_____

(1) Il est dit dans un autre : « Nous consentons et auront pour agréable, que si les corsaires d'Alger et de Tunis n'observent pas ce qui est porté par nos capitulations, l'empire de de France fasse courrir dessus, les châtie, etc. etc. »

encore dans les autres traités, fortifient la première. Ainsi dès l'année 1560, le gouvernement d'Alger était de fait reconnu comme état indépendant; le dey agisssant au nom de la régence et de la milice, accorda à cette époque des priviléges à la ville de Marseille pour la pêche du corail. D'autres traités directs ont eu lieu en 1614, 1616, 1628 (1), 1666, 1670, 1689, 1790, 1801, et les priviléges accordés à la France, ont été maintenus par tous les deys qui se sont succédés depuis 1889. En outre de ces traités, la compagnie royale d'Afrique, représentée à Alger par son agent, le sieur Anet-Caisel, conclut un arrangement particulier en 1694, pour les intérêts de ses établissements, de pêche et de commerce. Enfin, le dernier traité de 1689 a maintenu la bonne harmonie entre les deux états pendant plus de cent quarante années; cette harmonie ne fut point interrompue par la révolution, et n'aurait point encore été troublée, sans une affaire particulière, à laquelle malheureusement beaucoup de personnes paraissent avoir pris part et qui s'est grossie au point de nous avoir placé dans la situation pénible, ou de continuer inutilement

---

(1) Ce traité, conclu à Marseille le 21 mars, par le duc de Guise, gouverneur de Provence, stipulait qu'un député, choisi parmi les principaux membres du divan d'Alger, résiderait à Marseille en qualité d'otage, pour les infractions que les Algériens pourraient commettre; mais cette clause ne put jamais avoir son exécution.

un blocus qui nous coûte six millions par an, et
détruit nos flottes et nos marins, ou de faire une
expédition qui coûtera cinquante millions, ou enfin
ce qui serait pis encore, de consentir à payer à
un misérable une sorte de tribut comme le font
les puissances secondaires, à moins toutefois qu'il
ne consente à avouerqu'il a tort dans une affaire,
où à mon avis, tout corsaire qu'il est, il a parfaitement raison. Voici le fait :

Deux négociants algériens, Bacri et Busnak,
banquiers de la régence, avaient fait des fournitures
considérables en approvisionnemens au gouvernement français, de 1795 à 1798, pour nos armées en Italie et pour l'expédition d'Egypte. Des
payements avaient été faits par le gouvernement à
fur et mesure des consignations; mais plusieurs
chargements de blé ayant été ensuite trouvés
avariés, et d'autres fraudes reconnues; les payements furent suspendus, et les demandes de ces
fournisseurs contestées; des hommes respectables,
tels que MM. Aubernon et Daure, ordonnateurs-
généraux ont conservé la mémoire de cette
affaire, et des considérations graves qui la firent
suspendre. Le dey d'Alger réclama long-temps
pour ce même objet, en faisant connaître qu'il
était propriétaire d'une partie de ces approvisionnements qui provenaient des magasins de la régence, et des impôts qu'on lui paye ainsi en
nature dans son pays. Si ces réclamations avaient
été bien fondées, n'est-il pas vraisemblable qu'elles
eussent été admises en tout ou en partie; et défi-

nitivement liquidées pendant plus de 25 années,
ou qu'il en serait résulté une rupture avec Alger
dans cet intervalle, tandis qu'au contraire la paix
n'a cessé d'être maintenue, tant sous le directoire
et le consulat, que sous l'empire. La rupture qui
eut lieu entre la France et la régence en 1798, à
la suite de l'expédition d'Egypte avait un tout
autre motif, le Grand-Seigneur, en guerre avec
la France, à la suite de l'invasion de l'Egypte, força
son sujet et son vassal, le dey d'Alger à rompre ses
relations avec la France, et même le dey d'Alger,
à ce qu'il a allégué depuis, dût payer à la Porte
une amende *de* 200,000 *piastres fortes*, *ou*
1,100,000 *francs*, pour avoir favorisé l'expédition
d'Egypte par ses approvisionnents. Aussi cette
rupture ne fut qu'une pure formalité, et aussitôt
que la Porte eût fait son traité avec la France,
M. Dubois-Thainville, consul-général près de cette
régence, se rendit Alger, et conclut le traité de
paix, dont on trouvera ci-joint la copie sous n° 1er,
à la date du 17 nivose an 10 (17 déc. 1801). Si
cette rupture avait eu pour objet la contestation
au sujet des fournitures, n'en aurait-il pas été
fait mention expresse dans le traité qui n'en parle
pas. L'article 13, dont on a voulu exciper, ren-
ferme seulement une disposition générale qu'on
trouve dans tous les traités après des ruptures
qui ont suspendu pendant quelque temps l'action
des intérêts chez les particuliers des deux nations belligérantes. Une *dette de quatorze millions*, méritait bien une mention littérale,

surtout si cette dette avait été, comme on l'a faussement annoncé, le principal motif de la guerre. Six mois après la signature de ce traité, d'autres motifs étrangers à la dette faillirent amener une rupture entre les deux États. La France avait acquis pas les traités avec l'Autriche presque tous les États d'Italie que les Algériens avaient jusqu'alors traités en ennemis; le dey ne voulait pas reconnaître ces nouveaux États comme faisant partie de la France; les altercations les plus vives eurent lieu à ce sujet, et les armemens algériens capturèrent même plusieurs de ces navires.

Toutes les réclamations du consul devenaient inutiles, et l'animosité fut portée au dernier point; un capitaine français fut même bâtonné dans la rade de Tunis par un corsaire Algérien; le dey lui-même menaça de renvoyer le consul ainsi que tous les français, si dans un très court délai qu'il lui donna, le gouvernement français ne lui remboursait les 200,000 piastres fortes qu'il avait dû payer au grand-seigneur, pour avoir trop favorisé la France dans l'expédition d'Égypte. Il est inutile d'entrer dans tous les détails des mesures que prit alors le gouvernement français pour forcer le dey à se désister de ses prétentions, et pour obtenir la réparation des insultes reçues.

Le général Hullin fut envoyé à Alger sur deux vaisseaux commandés par le vice-amiral Leyssigue; le consul se rendit à bord et se concerta avec lui, la négociation eut le plus grand succès. Il suffit de lire la lettre (dont ci-joint copie

n° 2), que le dey écrivit alors au premier consul
pour se convaincre de la satisfaction éclatante que
la France obtint alors sur tous les points , dont
les principaux étaient : 1° la reconnaissance des
États annexés à la France ; 2° la renonciation
au remboursement des 200,000 piastres fortes exi-
gées par le dey ; et 3° les réparations dues pour
toutes les insultes reçues.

C'est à la fin de cette lettre qu'on trouve seulement une prière du dey au premier consul sur
cette ancienne dette Bacri en ces termes : « *Faites-*
« *moi le plaisir de donner des ordres pour faire*
« *payer à Bacri et Busnack ce que leur doit votre*
« *gouvernement, puisqu'une partie de cet argent*
« *m'appartient, et j'attends d'être satisfait, comme*
« *me l'a promis en votre nom votre consul le*
« *sieur Dubois Thainville.* »

Il est vraisemblable qu'à cette époque, et sans
doute long-temps encore après on aurait pu liquider toute cette dette pour deux à trois millions, et débarrasser la France de cette charge
qui lui a été depuis si funeste. Il n'en fut rien : des
à-comptes avaient été donnés autrefois, des lettres
de change du trésor n'avaient point été payées,
et les choses restèrent dans cet état jusqu'à la restauration. A cette époque M. Dubois Thainville,
consul général, fit confirmer en 1814 sans difficulté, sans opposition, tous les anciens traités
au nom du roi de France, et fut remplacé par
M. Pierre Duval qui a depuis dirigé toutes les affaires de la France auprès de la régence. C'est de

cette époque 1815 qu'on commença à presser le remboursement de la dette Bacri. M. Deval promit, le 13 février 1816, de la faire acquitter, et ce fut en 1819 que le roi nomma une commission pour la liquider et l'acquitter définitivement. La commission y mit un tel empressement, qu'en peu de mois on termina une affaire en litige depuis vingt-cinq ans.

Dans le mois de juillet 1820, le ministre des affaires étrangères vint proposer aux chambres, au nom du Roi, un projet de loi pour accorder *sept millions* en numéraires, applicables au paiement de cette ancienne créance algérienne, en vertu d'une transaction passée le 28 octobre 1819 entre des commissaires du roi et les fondés de pouvoir de ces négocians algériens (voyez le Moniteur du 16 au 24 juillet 1820, séances des deux chambres), ci-joint sous le n° 3, copie de cette transaction. Le désir de mettre un terme à ces anciennes contestations, et de maintenir la paix et l'harmonie entre les deux états, avait engagé le roi à faire encore ce sacrifice; les mêmes motifs entraînèrent les suffrages des chambres, et ce crédit fut alloué par la loi du 24 juillet 1820.

Dans cet état de choses on devait croire que la paix serait plus solide que jamais entre les deux pays : comment est-il donc arrivé que ce sacrifice, qui devait satisfaire toutes les prétentions des parties intéressées, et surtout du dey qu'il nous importait tant de contenter et selon la justice et en saine politique, comment, dis-je, est-il arrivé

4.

que l'emploi de ces *sept millions* nous ait au contraire procuré la guerre après une paix non interrompue de près de cent quarante années? savoir depuis 1689 jusqu'en 1827 ; car, ainsi qu'on l'a déjà vu, la rupture momentanée qui eut lieu en 1798 ne peut pas compter pour une guerre; comment cela est-il arrivé? le voici : c'est que le roi et les chambres ont été évidemment trompés, c'est que les *sept millions* accordés ont reçu une autre destination que celle qui était dans leur intention expresse; cette somme a été en grande partie allouée par sentence à Paris à des créanciers munis de titres qui se sont trouvés préférés par un des articles de ce traité : quelques réflexions sont nécessaires au sujet de cette transaction qu'on doit regarder comme le pivot de cette affaire.

Le roi, sur le rapport du ministre des affaires étrangères, avait chargé deux conseillers d'état de négocier et de conclure un arrangement définitif avec les sieurs Joseph Coën Bacri et Michel Busnach, négocians algériens, pour satisfaire à leurs anciennes réclamations envers le gouvernement français.

Telle fut leur mission spéciale :

Ces conseillers d'état, réunis en conséquence au sieur Pléville, fondé de pouvoirs de ces sujets algériens, conclurent avec lui un arrangement à forfait qui mettait un terme à toutes leurs réclamations, par une transaction signée à Paris le 28 octobre 1819.

Ils eurent sans doute l'intention louable de

terminer enfin une si ancienne affaire et de garantir, ce qu'on doit toujours faire, les intérêts
des tiers de bonne foi; mais peut-être n'ont-ils pas
assez pensé à la question politique qui devait aussi
les occuper.

Cette transaction est rédigée en huit articles (1).

L'énoncé porte que ces négocians algériens élevaient leurs prétentions à la *somme de quatorze
millions*, et que la commission convint d'opérer
une réduction de moitié pour éviter, est-il dit dans
l'acte, *les retards qu'entraînaient une liquidation
régulière et la nécessité de produire les pièces justificatives à l'appui de diverses créances que l'é-
loignement des temps et des lieux eût rendu difficiles à réunir.*

Voilà une créance bien sacrée, bien respectable,
que l'on peut réduire de moitié et ne pas liquider
régulièrement par un semblable motif; certes,
les négocians avaient bien eu le temps de rassembler toutes les pièces justificatives qu'ils pouvaient
se procurer pendant vingt-cinq années de contestation, et ces pièces devaient être depuis long-
temps à Paris, puisque c'était à Paris qu'on réclamait depuis cette époque : d'ailleurs la distance de
Marseille à Alger est si courte, que dans un mois
on peut facilement obtenir des réponses.

Dans les trois premiers articles et dans le dernier se trouve renfermée et remplie la mission
spéciale de la commission, savoir : la fixation des

---

(1) Voyez la pièce à l'appui, n° 3.

sept millions, le mode et les termes de paiement et l'approbation exigée du roi de France et du dey d'Alger.

Par les quatre articles intermédiaiaires, 4, 5, 6 et 7 MM. les conseillers-d'état sequestrèrent au trésor et prirent des mesures pour garantir 1° (par l'article 4) des créances cédées à divers par le procureur fondé à Paris de ces négocians algériens; 2° (par les articles 5, 6 et 7) pour réintégrer une somme prise à la chancellerie de France à Alger en 1810, et pour des indemnités allouées au comptoir des concessions d'Afrique, à l'occasion de la guerre déclarée le 20 décembre 1798.

Qui donc a requis cette commission de prendre ces mesures conservatoires? Messieurs les conseillers-d'état devaient ignorer les objets étrangers à leur mandat, et certes, on ne peut les soupçonner d'avoir été les chercher. Il est donc vraisemblable que pour la somme prise à la chancellerie, en 1810, et pour l'indemnité relative aux concessions, le ministre des affaires étrangères aura requis cette mesure, puisque les chancelleries et les concessions ressortent de son département; c'est un fait facile à vérifier, car cette commission ayant été nommée sur le rapport de ce ministre, elle a dû recevoir des instructions spéciales de ce département; mais comment ce ministre, en provoquant ce séquestre, a-t-il oublié la mesure essentielle, celle qui devait garantir en premier lieu les intérêts du dey et de la régence d'Alger, qui, par toutes les pièces officielles, dès l'origine 1798, 1802, etc, s'était fait reconnaître au gouvernement français comme créancier de ces négocians, pour l'objet de ces approvisionnemens qui provenaient principalement de ses domaines? Comment ce ministre, qui est le procureur de la France auprès des gouvernemens étrangers et des princes étrangers auprès de la France, pour le maintien de la bonne harmonie et de la paix, a-t-il pu omettre une telle mesure, lorsque le principal motif qu'il alléguait aux chambres, en juillet 1820, pour obtenir ce sacrifice, était l'exécution d'un traité ou plutôt une mesure relative à un traité?

En effet, quelle était alors cette créance qu'on liquidait ainsi par privilège, par faveur, au milieu d'un milliard peut-être d'autres réclamations de ce genre? c'était une créance en contestation sous l'ancien gouvernement, et qui se *trouvait* mis *par la loi à l'arriéré sous le nouveau*, comme antérieure à 1810; ce n'était donc plus un acte financier, car il eût été ainsi une injustice criante, mais un acte politique, uniquement politique, présenté par le ministère politique ; tout devait donc était employé pour qu'il eût l'effet pour lequel seul il pouvait mériter une exception ; pour qu'en un mot le dey, qu'on savait fort bien être peu au fait de nos usages, fût éclairé sur sa situation, et employât pour son compte les mêmes précautions qu'on prenait contre lui en faveur de gens qui n'étaient pour rien dans l'affaire. Un tel oubli est très répréhensible, puisqu'il a été le *véritable motif de la guerre*.

Ce n'est point au reste le ministre chargé de
ce département à cette époque pas plus que
les conseillers-d'état chargés de la transaction,
que l'on peut accuser, ils ont dû ignorer des
faits antérieurs et déjà si anciens, savoir: les noti-
fications et les demandes réitérées du dey au gouvernement français, pour faire reconnaître sa
créance et en obtenir le paiement, ainsi que les
promesses du gouvernement français pour le satisfaire; mais le consul Deval, qui résidait auprès
de ce dey à l'époque du paiement et de ses pres-
santes sollicitations; mais les bureaux des affaires
étrangères, qui devaient tout connaître et faire
tout connaître au ministre, ceux-là ne peuvent pas
arguer d'ignorance, et leur devoir était de prendre,
ou au moins de réclamer en faveur de leur département les mesures nécessaires au but qu'ils s'étaient
proposé en demandant la liquidation et le paiement au roi et aux chambres.

Or, on a vu par l'article 4 que la commission
avait ordonné au trésor de retenir les sommes dues
aux créanciers cessionnaires jusqu'à pleine satisfaction. Qui donc avait requis la commission de
prendre cette mesure ampliatoire? Ces créanciers
avaient fait leurs oppositions au trésor; cette mesure suffisait pour faire valoir leurs droits: qu'é-
taient donc ces créanciers cessionnaires si bien
protégés, et pour lesquels on établissait ainsi des
réserves particulières et privilégiées? Des tiers, à
qui ces négocians avaient cédé, vendu ou trans-
féré, etc., etc., à quel titre que ce fût, portion

de leurs créances. Or, je suppose que le procureur
fondé à Paris de ces négocians algériens eût
voulu frustrer le dey de ses droits, ne pouvait-il
pas forger des créances quelconques, les motiver
ou les transférer, en munissant des prête-noms
de titres authentiques, et absorber ainsi bien
plus que les sept millions qui n'ont pas même
suffi pour tout acquitter; la plupart de ces créanciers, ceux surtout qui auraient été d'accord avec
ces négocians algériens, ou leur procureur fondé,
n'auraient-ils pas pu libeller assez bien leurs
titres pour que, discutés devant les tribunaux, et
seulement contre les signataires des actes, ils
eussent pu obtenir des sentences favorables?
On sait que dans les faillites ce sont ordinaire-
ment les titres de ce genre qui sont les plus difficiles à rejeter. Or, dans les cinquante ou
soixante jugemens rendus dans cette affaire, n'en
pouvait-il pas être un grand nombre de ce
genre (1), qui par conséquent frustrait le dey
de toute part à la contribution, et présentait
le singulier résultat que le seul créancier, en
faveur duquel on avait reconnu la créance, fût le
seul qui n'en reçût aucune part.

Tout ceci n'est de ma part qu'une supposition,
que l'écho des bruits qui circulaient à cette épo-

(1) Sans revenir sur la chose jugée, ni faire aucun tort à des
tiers, l'enquête fera pourtant ressortir la validité des créances
beaucoup mieux que les tribunaux qui n'ont point à s'enquêter
de l'origine des titres.

que, et que l'idée qui se présente naturellement à
tout homme impartial qui examine cette affaire et
qui voit le résultat funeste qu'elle a produit à la
France. La meilleure preuve que je ne veux attaquer, soupçonner même personne, c'est la demande que j'ai faite l'année dernière, et que je
renouvelle aujourd'hui d'une enquête qui éclair-
cisse toute cette affaire, et je désire vivement
qu'elle soit à l'avantage du gouvernement français,
dont les tâches, dans un pays constitutionnel,
sont toujours honteuses pour le pays même.

CHAPITRE IV.

Suite de la transaction du 28 octobre 1819. — Ressentiment
du dey.

Consumptis precibus violentam transit in iram.
Ovid., Met. viii.

Ce qu'il était facile de prévoir arriva : le dey
ignorant nos usages, nos lois, les formes de nos li-
quidations, ratifia sans difficulté le projet de transaction qui lui fut envoyé. Plein de confiance dans
le gouvernement, qui terminait en sa faveur et en
celle de ses sujets algériens une affaire qui durait
depuis si long-temps, l'idée ne lui vint pas de charger quelqu'un à Paris de ses intérêts particuliers,
qui ne pouvaient jamais être compromis puisque
tout se faisait à sa considération. S'il vit l'article 4,
il dut penser qu'il ne concernait que des sommes
légères dues à des Français, pour lesquels il
fallait remplir cette formalité; et certes il n'eût
pas donné sa signature, s'il eût pu se douter que
c'était le moyen de tout absorber. Aussi, lorsqu'il
apprit ce qui s'était passé, son premier cri au
ministère français fut que le consul Deval l'avait
trompé, et avait gagné une somme considérable
dans cette affaire, et il priait le gouvernement français de rappeler ce consul qu'il ne pouvait plus
avoir devant ses yeux; d'examiner sa conduite ainsi
que celle des procureurs fondés, Nicolas Pléville,

Busnach et Nathan Bacri, ses sujets, qui étaient à Paris. Il demandait en outre qu'on lui envoyât à Alger ses deux sujets coupables, qui, d'accord avec Deval et d'autres personnes, s'étaient partagé les sept millions. Il fut, dit-on répondu par le ministère, et de vive voix par la bouche du consul, que la conduite du consul était régulière; qu'il n'avait agi que dans les termes de la transaction, qu'il avait lui-même approuvée et signée, et que le gouvernement français en avait rempli fidèlement les conditions en payant les sept millions convenus, etc. Quant aux procureurs fondés, il lui fut encore répondu que le sieur Nicolas Pléville était un sujet français; que Busnach s'était retiré à Livourne; et que Nathan Bacri avait été naturalisé français. L'examen de la correspondance donnera à cet égard des détails plus précis, et jusqu'alors je m'abstiendrai de toute réflexion à ce sujet.

Dans cet état de choses, qu'on se représente le juste ressentiment du dey, et l'embarras du consul. L'œuvre consommée, il fallait nécessairement ou le satisfaire ou le provoquer pour le mettre alors dans son tort, et d'une manière ou d'autre étouffer cette affaire scandaleuse.

Ma pensée se refuse à croire qu'on ait employé à la fois ces deux moyens; mais les apparences sont telles qu'il est impossible de ne pas les retracer avec un sentiment pénible, non point sans doute comme accusateur, mais comme historien. A défaut de meilleurs documens, que j'invoque avec instance, je ferai connaître ceux que je possède.

M. le ministre, dans son discours du 10 juillet, inséré au *Moniteur* du 11, deuxième supplément, page 1223, 5 c., dernier alinéa, et 1224, premier et deuxième alinéa, nous fait connaître que les redevances pour les concessions d'Afrique qui, par les anciens traités, étaient fixées à 17,000 francs, avaient été élevées successivement à *la somme de* 60,000 francs, et que ce dernier taux avait été maintenu par un traité signé le 28 octobre 1817, par Aly Dey et le consul Deval. Il ajoute que, par de nouvelles difficultés survenues, un nouveau traité signé le 24 juillet 1820 par le consul Deval, ces droits furent portés à la somme de 200,000 fr. Le ministre, à la vérité croit nous consoler en nous disant que les Anglais, qui s'en étaient emparés, les avaient déjà portées à ce taux. Mais les Anglais n'avaient à cet égard aucun droit, et on ne peut se prévaloir contre la France de ce qu'il a pu en coûter aux Anglais pour nous en dépouiller en 1814. Mais quelles étaient donc ces difficultés qui ont motivé ce nouveau traité de 1820? Qui a imposé à la France ce nouveau et grand sacrifice? Le ministère aurait dû le faire connaître à la Chambre par des pièces authentiques. N'est-il pas naturel de penser qu'on a cru calmer et satisfaire par là le dey, en lui faisant assurer par la France une rente annuelle aussi considérable, qui devait lui tenir lieu du capital dont il était privé.

Le dey avait donné son approbation dans les premiers jours d'avril 1820, et ne connaissant pas

ños formes législatives, il s'impatientait de ne rien
recevoir depuis trois mois; il fallait adoucir d'a-
vance la colère qu'il devait éprouver lorsqu'il serait instruit du tout. Il semble difficile d'en donner
un autre motif. Sous le n° 4, on trouvera une
notice sur les concessions d'Afrique qui servira
à faire connaître ce que sont véritablement ces
sortes de comptoirs.

Ce nouveau sacrifice imposé toujours à la France
n' put cependant satisfaire le dey, on lui dit
alors que le retard pendant près de quinze mois
de paiemens au trésor avaient donné lieu à une
indemnité en faveur de Bacri, et qu'on lui destinait le million que cela devait produire, et, en
effet, une correspondance s'établie à cet effet,
mais n'eut et ne pouvait avoir aucun résultat,
puisque les oppositions empêchaient le trésor de
se désaisir (1), mais c'était une singulière idée,
après avoir disposé de la somme revenant au dey
de lui offrir pour consolation une pareille valeur,
les récriminations du dey recommencèrent donc
plus fortement, et il n'est pas étonnant que quelques intérêts français en aient souffert. Il ne resta
dès-lors d'autres ressources si l'on voulait ensevelir
la vérité que d'embrouiller l'affaire; j'ignore si on
eut cette intention, mais la chose eut lieu complètement.

Le neveu de M. Deval, nommé vice-consul à
Bone en 1825, tenta, ou de son propre mouve-

_____

(1) Lettres de MM. Roy et Villèle, du 4 septembre 1821.

ment, ou d'après des instructions qu'il serait important de connaître, de s'emparer militairement de divers postes, soit à Bone, soit à la Calle, en y élevant des fortifications et y descendant des canons et des hommes armés, comme sur un territoire en propriété à la France. Cette prise de possession souleva tout le pays ; le bey de Constantine s'y rendit avec des troupes ; le dey d'Alger y envoya des armemens, rasa tous les ouvrages et chassa les Français.

Et c'est là un des griefs qu'on oppose au dey, en regardant nos concessions d'Afrique comme une *propriété foncière* et *territoriale* appartenant à la Farnce. *La souverainneté de la France*, a dit le ministre, *sur cette portion de territoire qui se trouve comprise entre la rivière Serbus et le cap Roux dont elle est en possession depuis le milieu du XVe siècle a été méconnue.* Il y a ici erreur complette et ignorance des traités ; jamais la France n'a eu la propriété d'aucun terrain dans l'empire ottoman, dont les lois s'opposent à ce que nous appelons propriété foncière et territoriale : elle n'a eu dans le royaume d'Alger que la faculté d'établir un comptoir à Bone et à la Calle une factorie pour la pêche et le commerce. Le seul titre qu'on ait à ce sujet est le traité de 1694. Que ce traité cité dans le même discours soit produit, on y verra a l'article 3, *qu'il est permis à la compagnie de relever et réparer les bâtimens détruits et d'y bâtir un moulin à vent, et d'entourer les édifices nécessaires à leur com-*

merce *d'un* MUR TRÈS-MINCE *pour les mettre à
l'abrit des voleurs.* L'article 9 du même traité
établit que quand la guerre aurait lieu entre la
France et la régence d'Alger ; le sieur Hely et ses
commis de la compagnie d'Afrique, *nos fermiers
et bons amis* seront maintenus en jouissance dudit bastion et de ses dépendances, est-ce là une
propriété foncière (1). M. de Brève, ambassadeur
d'Henri IV à la Porte ottomanne, et qui a rédigé
le traité de 1604 avec le sultan Achmed Ier, anté-
rieur d'un siècle à celui de 1694, conclu par la
compagnie française, dite d'Afrique, avec la régence d'Alger, s'exprime ainsi :

« Puis doublans le cap de la Rose, nous cos-
toyasmes les ruines dudit bastion, démoly depuis
quelques années en çà, par la milice d'Alger, à
l'occasion d'une famine survenue au royaume,
dont elle rejetoit la cause sur les traites de bleds
qui se fesoient audit lieu.

« Au reste, ce bastion n'estoit point chasteau
n'y forteresse (comme aucuns abusez du vocable,
pourroient croire) ains seulement maison platte,
édifiée par permission du grand-seigneur pour

(1) Dans tous les traités avec la Porte-Ottomane le sens des
mots difficiles à bien rendre dans notre langue a toujours donné
lieu à des contestations ; mais ici le sens, l'usage, les traditions
et l'ensemble des articles expliquent tout clairement, et quand
dans quelque traduction de traité on trouve le mot de propriété cela doit s'entendre seulement de *jouissance* et *possession.*
(2) Relation des voyages de M. de Brèves, in-4, p. 354.

retraite des François peschans le corail en Barbarie. »

On voit par là combien l'agression des agens français à Bone était mal fondée, et ce fut à cette époque l'opinion de la ville de Marseille où cette affaire, qu'on voulut cacher, fut connue; le vice-consul fut récompensé par une nouvelle mission à Malte qu'il a eue dernièrement.

La régence eût bientôt de nouvelles plaintes à former, qui se changèrent encore en griefs contre elle; d'après les anciens traités, la France s'était engagée à ne point prêter son pavillon, et à ne point protéger les navires des puissances étrangères qui pouvaient être en guerre avec la régence; il serait trop long de rapporter tous les traités qui en font mention; je citerai seulement l'addition d'un article confirmatif dans le traité conclu le 29 mars 1790, entre Mohamed-Pacha, alors dey d'Alger, et M. le marquis de Saineville, chef de division navale, de la part du Roi Louis XVI, *sont maintenus, confirmés tous les anciens traités, etc., pourvu qu'il ne soit pas donné de passeport français à des étrangers, ce qui ne pourrait se faire sans occasionner de la mésintelligence entre les deux puissances contractantes; et le 11e paragraphe de la lettre de Moustapha-Dey au 1er consul, annexée aux pièces à l'appui nº 2.*

Dans l'ordonnance du 3 mars 1781, art. 18: *Il est interdit aux consuls de France de recevoir aucune commission ni mission des puissances étrangères.*

5

Cette ordonnance, encore en vigueur, est une loi de l'état, puisque dans le roi seul existait alors le pouvoir législatif. L'instruction qui accompagne cette ordonnance, s'exprime ainsi sur cet article :

Il ne saurait convenir à la dignité du roi et à l'intérêt de ses sujets, que ses officiers aient des commissions, ou des traitemens de la part des autres puissances ; ils usent par là la protection qui doit être toute entière pour les Français, ils peuvent se compromettre et compromettre leur prince et la nation auxquels ils appartiennent, pour des intérêts qui ne sont pas les leurs, et qui peuvent souvent leur être opposés.

Aux termes de cette ordonnance et des traités existans et cités, le consul Deval n'a pu accepter mission d'une puissance étrangère qu'en violation des traités, et le ministre qui lui aurait donné cette autorisation aurait enfreint lui-même les lois de l'état et les traités existants, pour entraîner la France dans une guerre ; la notoriété publique nous à fait connaître que les principaux différens survenus avaient pour objet notre intervention pour des puissances étrangères en guerre avec la régence ; si le consul a agi sans autorisation, le ministre est coupable de négligence ; si le ministre a donné l'autorisation, le ministère seul est coupable. Mais il paraît qu'il ne l'a pas jugé ainsi, puisque dans la séance du 10 juillet dernier, il est convenu du fait et lui a donné son approbation.

Il est sans doute bien aux grandes puissances de protéger les faibles, mais le premier devoir d'un

ministre de France, est de garantir son pays de
toute guerre en observant religieusement les traités
et en ne compromettant pas la protection du roi,
pour des intérêts qui ne sont pas les leurs, et qui
peuvent souvent leur être opposés; toute cette
conduite porta au plus haut degré la colère du dey;
mais ce qui l'excitait davantage était toujours le
souvenir de l'affaire des Bacri et la vue du consul
de France, auquel il attribuait à tort ou à raison,
la mauvaise issue de cette affaire, et contre lequel d'ailleurs il avait d'anciennes préventions.
Enfin n'ayant reçu à toutes ces plaintes que des
réponses évasives, il prend le parti d'écrire directement au roi de France par l'intermédiaire du
consul de Sardaigne, il est assuré que la lettre a
été remise, et cependant M. le baron de Damas,
alors ministre, diffère pendant trois mois d'y répondre, et c'est dans le moment où il ressent le
plus vivement ce dernier outrage dans un jour de
cérémonie, que le consul de France entre chez lui
pour intervenir et prendre sous sa protection un
bâtiment romain qui se trouvait alors dans le port.
Comment, lui dit le dey : « Tu viens toujours me
tourmenter pour des objets qui ne regardent pas
la France, et ton gouvernement ne daigne pas
répondre à la lettre que je lui écris pour ce qui
me regarde. Mon maître, reprend le consul en
plein divan, n'a pas de réponse à faire à un homme
comme toi. » Le dey furieux ne se possède plus,
il se lève et frappe M. Deval de son éventail de
plume. Le divan manifeste également sa colère.

Certes le dey eût tort, et dans une circonstance pareille, Louis XIV jeta sa canne par la fenêtre; le dey aurait dû en faire de même; mais faut-il chercher sous le soleil de l'Afrique et à la cour d'un pirate, cet empire sur soi-même, si digne du souverain d'une grande nation. Il ne sentait pas lui-même l'importance de cette action. Que lui ai-je donc fait, disait-il à un de nos officiers, et il appelle un esclave, sur lequel il fait la répétition du geste qu'il s'étoit permis, je lui ai donné un coup de plume, il méritait un coup de massue : quoiqu'il en soit, il n'eût pas plutôt agi de la sorte, qu'il en sentit les conséquences, et craignant que le consul ne profitât de cette occasion pour provoquer une rupture, il s'empressa de prévenir les Français qui se trouvaient à Alger, que son intention n'avait été nullement d'insulter à la France, ni de vouloir être en guerre avec elle; que ses discussions avec le consul Deval lui étaient personnelles, et qu'ils pouvaient rester paisiblement à Alger, où il les protégerait ainsi que tout ce qui pouvait regarder la France avec la plus grande affection : il leur fit même demander acte de cette notification.

Le consul rendit sans doute compte à son gouvernement de tout ce qui s'était passé dans le divan du 3o avril. Loin d'être désapprouvé dans ce qu'il avait fait, il fut chargé de présenter l'ultimatum et de conduire les dernières négociations.

Une division navale commandée par le capitaine de vaisseau Collet, partie de Toulon dans les pre-

miers jours de juin (1), et la goëlette la Torche
parut dans la rade d'Alger le 11 juin au matin, et
remit des dépêches à M. Deval. Ce consul se rendit
aussitôt à bord et ne descendit plus à terre. Il fit
passer par le capitaine Espanet une ordonnance
qui enjoignait de par le roi à tous les Français résidant à Alger, de quitter cette ville et de s'embarquer immédiatement. Cet ordre fut exécuté (2).
M. Jaubert et sa famille avec un prêtre, en tout
sept personnes, s'embarquèrent sur le navire com-
mandé par le capitaine Espanet. Toute la division
navale fut bientôt en vue, et M. Deval passa à bord
du vaisseau la Provence, que montait le commandant Collet. Le consul de Sardaigne fut invité
de se rendre à bord du commandant, et on le
pria de vouloir bien remettre au dey la note ou
l'ultimatum des satisfactions qu'exigeait le gouver-
ment français et dont l'acceptation devait être connue dans les vingt-quatre heures ; en cas de refus,
le blocus et la guerre étaient déclarés dans le terme
prescrit.

Les conditions imposées étaient : 1° que tous les
grands du royaume, à l'exception du dey, se ren-

_____

(1) Voy. Annales maritimes, année 1827, p. 192 et 193, et
le Moniteur du 1er juillet 1829.

(2) Pourquoi le conseil a-t-il donné cet ordre impératif qui
établissait un état de guerre lorsque le dey invitait les Français à rester, et lorsque les articles formels des traités, leur
garantissaient protection et sûreté. Voyez l'article 9 du traité
avec Alger de 1694 qui prévoit le cas de rupture.

draient à bord du commandant pour faire, au nom de ce prince, des excuses au consul de France;

2° A un signal convenu, le palais du roi et tous les forts devaient arborer le pavillon français pour le saluer de cent un coups de canon (1);

3° Que tous les objets de toute nature propriété française et embarqués sur les navires ennemis de la régence ne puissent être saisis (2);

4° Que les bâtiments portant pavillon français ne puissent plus être visités par les corsaires d'Alger (3);

5° Que le dey, par un article spécial, ordonne l'exécution dans le royaume d'Alger des capitulations entre la France et la Porte Ottomane (4);

---

(1) Ces deux premières conditions au-delà de tout ce qui avait jamais été exigé dans aucune circonstance, étendaient l'humiliation à la population toute entière.

(2) Cet article serait sans doute avantageux, mais d'une exécution difficile et sujet à tant de contestations, qu'on n'a pu l'exiger jusqu'à ce jour.

(3) Cette demande est ridicule pour quiconque connaît la mer et qui sait qu'il faut bien examiner les expéditions des capitaines pour s'assurer s'ils ont le droit d'arborer tel pavillon. — Ces précautions nécessaires pour prévenir toutes vexations de la part des corsaires d'Alger, en cas de visite, sont prévues par les anciens traités.

(4) Cette demande est d'autant plus inadmissible, qu'elle attaque l'indépendance du royaume d'Alger, et le dey, ainsi que la régence, ont dû la regarder comme une insulte. Sans doute les deys d'Alger, de Tunis et de Tripoli, l'empereur de Maroc et l'iman de Mascate reconnaissent le grand-seigneur comme leur chef spirituel en sa qualité de kalife, ou de vicaire de Ma-

6° Que les sujets et navires des états de la Tos-
cane, de Lucques, de Piombino et du Saint-Siége,
soient regardés et traités comme les propres sujets
du roi de France (1);

Ces conditions étaient plus dures que celles que
Louis XIV, vainqueur, avait imposées aux Algériens
vaincus, et lorsqu'il avait à venger, non pas l'insulte,
mais la mort de son consul mis en pièce à la bouche d'un canon. Non seulement ces conditions
étaient dures, mais elles étaient la plupart inuties,
et de nature à seulement porter au plus haut
point d'exaspération celui à qui on les dictait;
aussi le dey les refusa-t-il et se borna à répondre
par les griefs suivants, dont il s'était plaint déjà
au gouvernement français, qui n'avait daigné lui
donner ni satisfaction ni réponse. 1°. L'affaire des
Bacri et des sept millons payés par le gouvernement français en 1820, dont la régence et ses
sujets n'avaient encore rien touché;

2°. Les fortifications élevées par les Français à la
Calle, l'un des points des concessions d'Afrique.

_____

homet, et demandent, en cette qualité, à sa hautesse l'investi-
ture de leur dignité; mais cette demande n'est qu'un hommage
de pure forme, avec un présent d'usage, et ces princes émanci-
pés depuis des siècles, n'en sont que plus jaloux de leur pouvoir
entièrement indépendant, et la France a, depuis des siècles,
reconnu cette indépendance par les anciens traités conclus avec
eux.

(1) On ne peut rien ajouter à ce qui a été dit dans le courant
de l'écrit sur cette demande qui est une violation manifeste de
nos traités avec la régence et des lois de l'état sur la matière.

3°. La violation des traités de la part de la France qui accordait des pavillons, des passeports et sa protection à des sujets des puissances étrangères qui n'avaient point traité avec la régence.

La correspondance officielle et l'ultimatum original, ainsi que toutes les lettres ou notes qui ont pû être adressées par le dey ou en son nom au commandant du blocus, ou au ministère français, soit directement, soit par la voix du consul de Sardaigne, donneront des détails précis et circonstanciés sur tout ce qui s'est passé dans ce moment décisif.

Ainsi, aux termes de cet ultimatum, et d'après le refus du dey, le blocus fut formé dans la journée du 12 juin, et conséquemment la guerre fut déclarée *par la France* à la régence d'Alger. Dans cet état de chose, comment le ministre des affaires étrangères dans son discours déjà cité du 10 juillet dernier, a-t-il pû dire aux chambres que c'était le dey d'Alger qui avait déclaré la guerre à la France le 15 juin 1827.

Comment, si on avait voulu éviter une rupture, chargeait-on de l'ultimatum le même individu, le même consul qu'on savait être en horreur au dey. La dernière négociation, confiée à M. de la Bretonnière, commandant du blocus, devait avoir le même résultat, puisque les instructions (qu'on ne peut se refuser de faire connaître) ont dû être basées sans doute sur le premier ultimatum. A la sortie du port, comme parlementaire, son vais-

seau, obligé par les vents de s'approcher de la
terre, reçut plusieurs coups de canons. Le dey
envoya, le lendemain, le drogman de la régence,
M. Beusemon, pour témoigner la peine qu'il avait
ressentie de la conduite du commandant du fort,
pour apprendre qu'il avait destitué son ministre
de la marine, et protester du désir qu'il avait de
renouer la paix avec la France. L'arrivée à Alger de
deux frégates anglaises pendant ces dernières négociations, et dont les journaux ont parlé, n'est
pas sans importance. Enfin M. de la Bretonnière
doit avoir rendu compte de sa mission. Ses rapports aux deux ministres des affaires étrangères et
de la marine, doivent renfermer des détails très im-
portans, non seulement sur toutes les circonstances de sa négociation, mais sur l'ensemble de cette
affaire enveloppée jusqu'à ce jour d'un voile impénétrable.

CHAPITRE V.

De la nécessité d'une enquête, ou au moins d'une information spéciale sur toute cette affaire, avant d'entreprendre une expédition.

Quis justius induit arma
scire..... Luc. ph. lib. iv.

Ceux qui sont en authorité et crédit sans en rien l'avoir mérité craignent les grandes assemblées, de peur qu'ils ne soient connus et que leur œuvre ne soit blamé. A commencer la guerre et à l'entreprendre ne se faut tant haster et à long assez temps. Et si vous dis que les rois et princes en sont trop plus forts quand ils l'entreprennent du consentement de leurs sujets et en sont plus craints de leurs ennemis.

Philippe de Commines, lib. 5. Cap. 18, page 218.

Nous avons présenté le tableau de cette malheureuse affaire, conduite depuis son origine, avec au moins une coupable insouciance. S'il ne s'agissait pour la France que d'avoir perdu sept millions, on ne s'en plaindrait pas plus que de ces milliards dépensés depuis la restauration, en indemnités, restitutions, subsides, abus, etc. Mais il s'agit ici d'un acte dont les conséquences ne peuvent pas se calculer, dont les suites mises à profit par les ennemis de la France, peuvent paralyser pour long-temps et sans résultat notre existence politique. Or, il faut savoir si nous voulons conserver dans l'action du gouvernement représentatif le mystère absolu qui le dénature, et dans ses

agens, la corruption qui le dégrade. Si les chambres
auxquelles on consent à s'adresser pour donner
quinze cents francs de pension à la veuve d'un
brave marin, n'auraient aucun droit de contrôler
l'emploi de cent millions pour réparer des fautes,
il faut ou se soumettre comme en Angleterre à
l'obligation de fournir aux chambres toutes les
informations qu'il leur importe de connaître dans
de grandes questions, où le droit de paix et de
guerre sera chez nous la source de tous les abus,
de toutes les concussions que la Charte a voulu
réprimer : une guerre qui ne devrait être que le
seul effet de la nécessité, sera considérée comme
une mine à exploiter pour l'ambition et pour la
cupidité. Un grand exemple peut seul arrêter une
marche aussi défectueuse, et jamais il ne s'est présenté une occasion qui le réclame plus impérieusement. Sorti de la fange, un miasme impur a grandi
tout a coup, a dévoré des trésors et menacé d'en-
gloutir l'élite de notre population et la fortune
publique. Une enquête sur toute cette affaire depuis son origine jusqu'aux derniers marchés qui
viennent d'être passés, sans crédit ouvert, à l'insçu
des chambres qu'on pouvait rassembler deux mois
plutôt, cette enquête, dis-je, où du moins une information spéciale qui en tienne lieu est réclamée
par la morale publique, par cette masse d'hommes
laborieux, dont plus de moitié, en France, ne
mange qu'un pain noir acheté par dix-huit heures
de travail, et qui verront s'écouler sous leurs yeux
des sommes énormes pour une expédition dont ils

ne comprennent ni le but ni la cause; elle est nécessaire à ces milliers de familles dont on enlève les
enfants, et que le vent d'Afrique va peut-être leur
enlever à jamais; mais elle est nécessaire surtout à
l'état actuel de nos institutions, de nos lumières,
qui ne permet plus que des ministres sacrifient le
sang et la fortune des citoyens pour faire quitter à
un roi la truelle (1), ou lui conserver une maîtresse (2).

Voici quel serait à-peu-près le programme de
cette enquête :

Comment les ministres, en 1818, ont-il conservé
en place M. Deval qu'ils savaient, à tort ou à raison,
avoir encouru la mésestime de la régence pour une
affaire scandaleuse que le dey actuel avait réparé
lui-même autant qu'il était en son pouvoir, à son
avénement au trone. (3)

---

(1) On sait qu'une dispute eut lieu entre Louvois et Louis XIV
au sujet de l'imposte d'une fenêtre qui n'était pas d'aplomb.
Louvois dit, en s'en allant : Je lui ferai quitter la truelle, et il
fit la guerre du Palatinat.

(2) La part principale que la France prit à la guerre de sept
ans, où elle n'était qu'auxiliaire, fut due aux plaisanteries de
Frédéric sur madame de Pompadour, qu'il appellait Cotillon
premier.

(3) Le 10 décembre 1817, une jeune personne, Rose Ponsont-
hio, d'origine Sarde, mais protégée de France, fut arrachée
des bras de sa mère et livrée à la brutalité du dey qui régnait
alors, ainsi qu'une jeune juive Virginia Benzamon, logée
chez le consul de France. Le cri public accusa ce consul et
son ami Jacob Bacri, d'avoir coopéré à cette action, ce qu'il

Comment, antérieurement à la transaction du 28 octobre 1819, le ministre n'a-t-il pas fait établir le compte de ce qui revenait à la régence, afin d'être certain de l'acquitter par préférence à toute autre réclamation, ainsi qu'il était dans l'intention expresse du roi et des chambres. Toute la correspondance et la lettre du dey, citées plus haut, prouvent qu'une grande partie des approvisionnements provenaient des magasins de la régence.

Par quelles instructions et par quels ordres la

---

est impossible de croire; mais enfin la plainte juridique des parents, et le rapport de la victime, lorsqu'elle recouvra la liberté, fait devant le consul général de Sardaigne le 30 mars 1818, et que je possède, articule positivement ce fait; et dans cette opinion fausse sans doute, les consuls portèrent leurs plaintes au gouvernement français et rompirent tout commerce avec M. Deval. Une enquête fut même entamée à Marseille par ordre du ministre de la marine; mais il faut croire qu'elle a été à l'avantage de M. Deval, puisqu'il reçut peu après la décoration de la légion d'honneur.

Le dey actuel, le jour même de son élévation, le 28 février 1818, rendit ces deux victimes à leur famille, et leur donna à chacune une indemnité de cinq mille piastres fortes. On conçoit que ce dey dût conserver des préventions contre le consul de France, et la nature de l'affront qu'il lui fit, fut plutôt causé, comme il l'a sans cesse répété depuis, par l'animadversion qu'il avait pour sa personne que dans l'intention d'offenser la France.

A dieu ne plaise que je veuille accuser M. Deval, mais les suites de toute cette affaire sont devenues tellement graves, qu'il est impossible d'omettre aucun détail qui de près ou de loin peut la concerner.

commission de liquidation a-t-elle admis comme opposition privilégiée dans la transaction de 1819
toutes les créances qui se sont présentées, lorsque
le chef de la maison Bacri, Jacob, Cohen, Bacri,
le seul propriétaire en nom avec Busnach de la
dette qu'on liquidait, n'avait aucune dette à Paris ;
et, comme j'en ai la preuve, demandait encore en
1817 qu'on payât de préférence le dey et qu'on
n'admit aucune opposition pour des dettes qui
regardaient d'autres individus de sa famille.
Ainsi donc la commission d'enquête aura à examiner quelles sont les créances qui ont absorbé sept
millions, sous forme de transferts ou délégations.
Sans vouloir sans doute altérer l'effet des jugements
rendus à cet égard, il sera cependant permis de
s'enquérir des porteurs de titres qu'elle a été l'o-
rigine de leurs affaires avec Bacri, et confronter
leurs déclarations avec les notes trouvées à Alger
dans les papiers de Jacob Cohen Bacri, victime
comme son maître d'une intrigue, mais victime de
plus de la colère du dey, et errant aujourd'hui
dans les déserts, après être échappé des cachots.

Il faudra examiner comment après cette première faute commise, on est passé successivement
à des sacrifices onéreux à la France comme celui
de l'augmentation du prix des limes et bientôt à
des provocations, des violations de traité, des insultes personnelles qui devaient amener, et ont
amené en effet une guerre inutile, sans profit et
sans aucune compensation.

Comment, au lieu de désavouer sur-le-champ

un agent qui peut-être avait outre-passé ses pouvoirs, et sur qui seul en bonne justice, ou du moins en saine politique on devait laisser tout le blame ainsi que l'avait fait l'Angleterre dans une circonstance pareille et la France en 1810, a-t-on persisté à le charger seul des négociations et avec des conditions évidemment inadmissibles.

La correspondance et la copie des instructions donneront sans doute l'explication de toutes ces mesures : mais il est une explication bien plus nécessaire encore, c'est celle qui concerne les préparatifs d'une expédition qu'on improvise en 15 jours après l'avoir différée pendant trois ans, de manière à en rendre l'exécution deux fois plus dispendieuse en passant précipitamment et à tout prix des marchés, et cela sans crédit ouvert, sans nécessité, puisque nous prouverons dans le chapitre suivant, que cette expédition serait funeste, entreprise cette année, à moins toutefois que des circonstances que j'ignore et qu'il faudra connaître, la rendent impérieusement nécessaire ; mais alors cette enquête ne l'arrêterait nullement, elle prouverait seulement qu'avant d'avoir exposé la fortune et la vie des citoyens, on a dû réfléchir ; qu'on n'a cédé qu'à la nécessité, et qu'on a reconnu les véritables principes du gouvernement représentatif, *la bonne foi et la publicité.*

ENVIRONS D'ALGER

D. Débarquement de Charles V.
E. Débarquement d'Oreilly
F. 1.er point de débarquement d'Oreilly

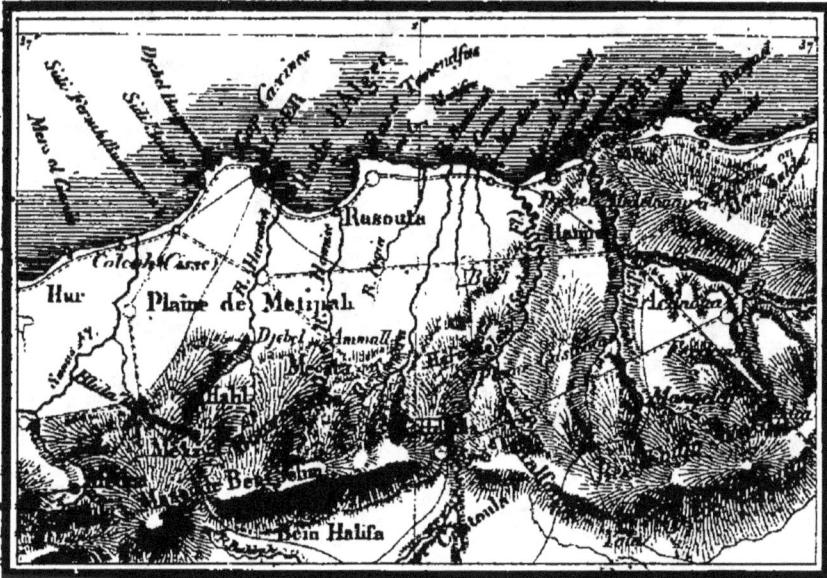

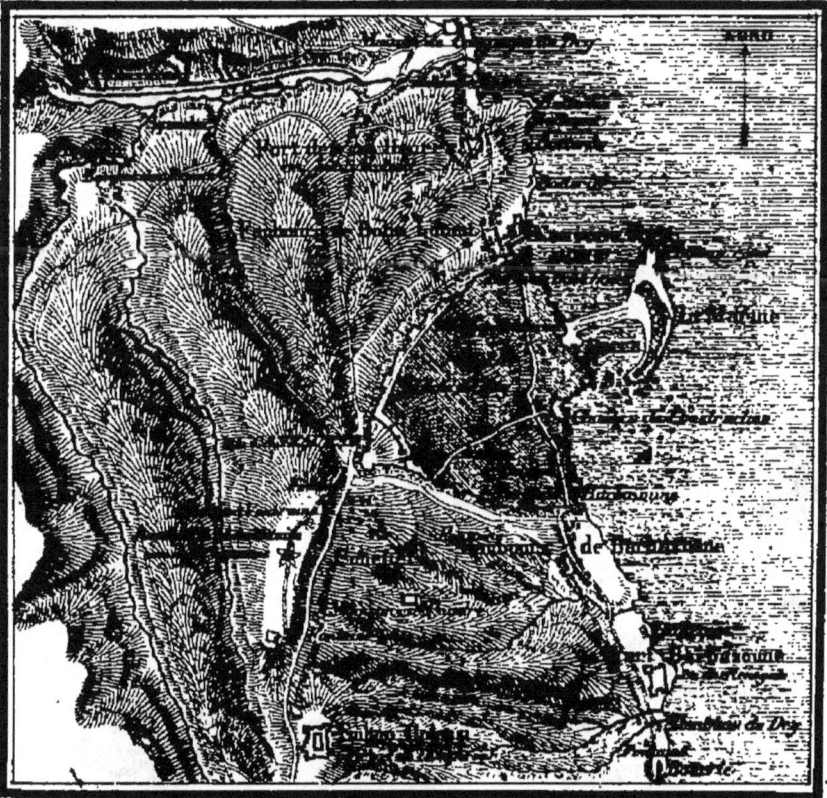

Rassouta
Plaine de Metiqah
Plaine de Metidjah

PLAN D'ALGER

A. Flotte de Duquesne
B. Flotte de lord Exmouth
C. Flotte Algérienne

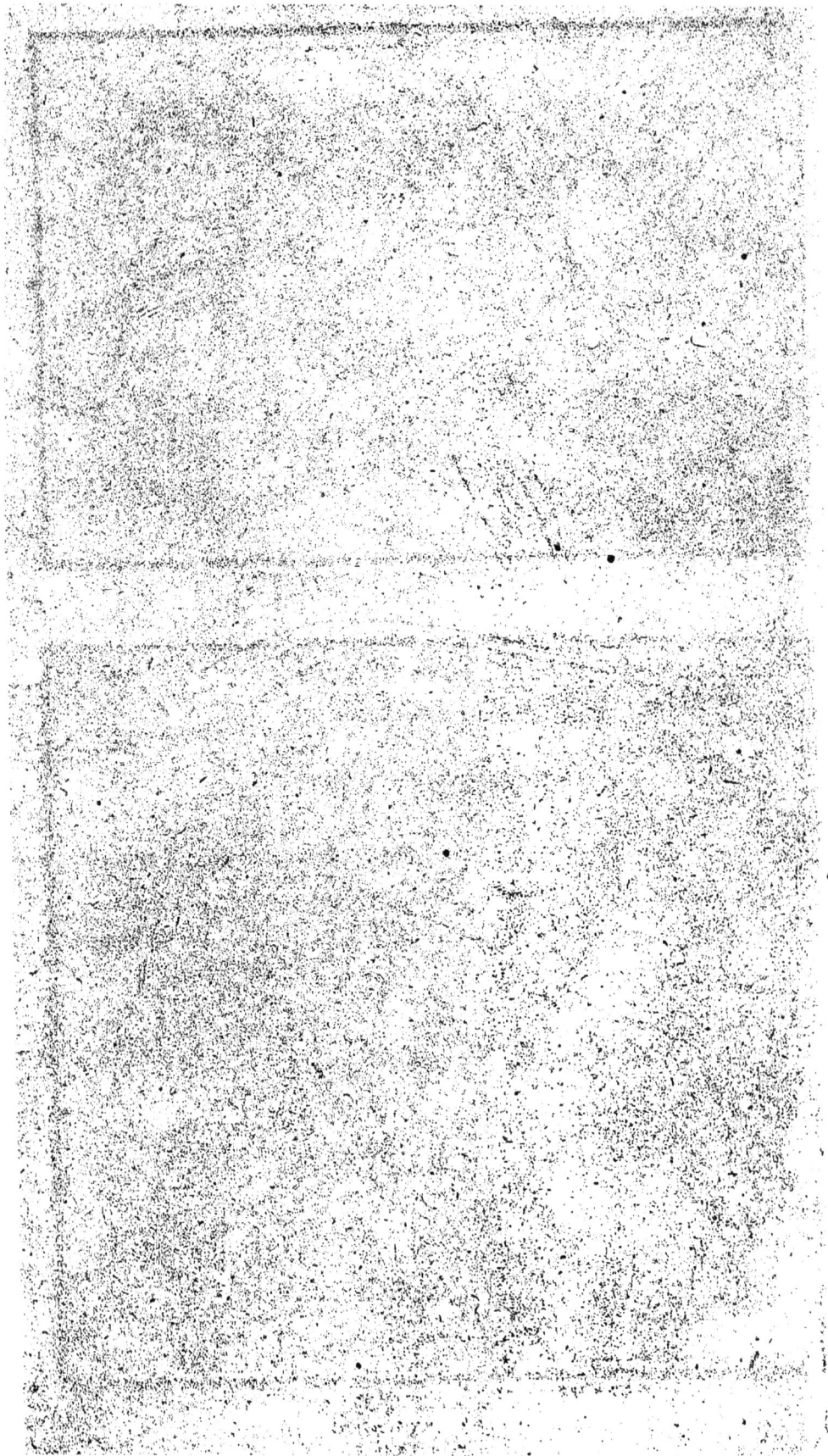

PIÈCES A L'APPUI.

N° 1. TRAITÉ DE PAIX ENTRE LA FRANCE ET LA RÉ-
GENCE D'ALGER, le 17 décembre 1801.

N° 2. LETTRE DE MUSTAPHA-PACHA, DEY D'ALGER,
AU PREMIER CONSUL, le 13 août 1802.

N° 3. TRANSACTION SUR LES RÉCLAMATIONS DES SIEURS
BACRI ET BUSNACH D'ALGER, et à la suite,
la loi du 24 juillet 1820, qui en ordonne l'exécution.

N° 4. NOTICE SUR LES CONCESSIONS D'AFRIQUE.

N° 5. RÉSUMÉ DES DISCUSSIONS qui ont eu lieu dans
les deux Chambres sur les affaires d'Alger dans
les sessions de 1820, 1827, 1828 et 1829.

N° 1.

TRAITÉ DE PAIX

ENTRE

LA RÉGENCE D'ALGER ET LA FRANCE,

LE 17 DÉCEMBRE 1801.

Le gouvernement français et la régence d'Alger reconnaissent que la guerre n'est pas naturelle entre les
deux états, et qu'il convient à la dignité comme aux intérêts de l'un et de l'autre de reprendre les anciennes
liaisons;

En conséquence, Mustapha pacha dey, au nom de la
régence, et le citoyen Charles Dubois Thainville, chargé
d'affaires et commissaire général des relations commerciales de la république française, revêtu des pleins pouvoirs du premier consul à l'effet de traiter la paix avec la
régence, sont convenus des articles suivans :

ARTICLE 1er. Les relations politiques et commerciales
sont rétablies entre les deux états telles qu'elles exis-
taient avant la rupture.

IV

Art. II. Les anciens traités, conventions, stipulations, seront revêtus, dans le jour, de la signature du dey et de celle de l'agent de la république.

Art. III. La régence d'Alger restitue à la république française les concessions d'Afrique de la même manière et aux mêmes conditions que la France en jouissait avant la rupture.

Art. IV. L'argent, les effets et marchandises dont les agens de la régence se sont emparés dans les comptoirs seront restitués, déduction faite des sommes qui ont servi à payer les redevances dues à l'époque de la déclaration de guerre, le 1er nivose an VII (10 décembre 1798). Il sera en conséquence dressé de part et d'autre des comptes qui devront être mutuellement consentis.

Art. V. Les limes ne seront exigibles que du jour où les Français seront rétablis dans leurs comptoirs.

Art. VI. A partir de cette époque, le dey, pour indemniser la compagnie d'Afrique des pertes qu'elle a éprouvées, lui accorde une exemption générale de limes d'une année.

Art. VII. Les Français ne pourront être retenus comme esclaves dans le royaume d'Alger en quelque circonstance et sous quelque prétexte que ce soit.

Art. VIII. Les Français saisis sous un pavillon ennemi de la régence ne pourront être faits esclaves, quand même les bâtimens sur lesquels ils se trouveraient se seraient défendus, à moins que faisant partie de l'équipage, ou soldats, ils ne fussent pris les armes à la main.

Art. IX. Les Français passagers ou résidant dans le

royaume d'Alger seront soumis à l'autorité tout entière de l'agent du gouvernement français. La régence ne peut et ses délégués n'ont aucun droit de s'immiscer dans l'administration intérieure de la France en Afrique.

ART. x. Les capitaines des bâtimens français, soit de l'état, soit particuliers, ne pourront être contraints de rien embarquer sur leur bord contre leur gré, ni d'être envoyés là où ils ne voudraient pas aller.

ART. xi. L'agent du gouvernement français ne répond d'aucune dette pour les particuliers de sa nation, à moins qu'il ne se soit engagé par écrit à les acquitter.

ART. xii. S'il survient une contestation entre un Français et un sujet algérien, elle ne pourra être jugée que par les premières autorités, après toutefois que le commissaire français aura été appelé.

ART. xiii. Son Excellence le dey s'engage à faire rembourser toutes les sommes qui pourraient être dues à des Français par ses sujets, comme le citoyen Dubois Thainville prend l'engagement, au nom de son gouvernement, de faire acquitter toutes celles qui seraient légalement réclamées par des sujets algériens.

ART. xiv. Les biens de tous Français morts dans le royaume d'Alger sont à la disposition du commissaire général de la république.

ART. xv. Le chargé d'affaires et les agens de la compagnie choisissent leurs drogmans et leurs censaux.

ART. xvi. Le chargé d'affaires et commissaire-général des relations commerciales de la république française continue à jouir de tous les honneurs, droits et prérogatives stipulés par les anciens traités. Il conservera la prééminence sur tous les agens des autres nations.

ART. XVII. L'asile du commissaire général français est sacré. Aucune force publique ne peut s'y introduire s'il ne l'a lui-même requise du chef du gouvernement algérien.

ART. XVIII. Dans le cas d'une rupture (et à Dieu ne plaise qu'un pareil événement puisse jamais arriver!), les Français auront trois mois pour terminer leurs affaires, et pendant ce temps ils jouiront de toute l'étendue de liberté et de protection que les traités leur accordent en pleine paix. Il demeure entendu que les bâtimens qui aborderaient dans les ports du royaume pendant ces trois mois participeront aux mêmes avantages.

ART. XIX. Son Excellence le dey nomme Sabah Kodja pour se rendre à Paris en qualité d'ambassadeur.

A Alger, écrit le 7 nivose an X (17 décembre 1801) et le 22 de la lune de chaban, l'an 1126 de l'hégire.

Signatures,

MUSTAPHA-PACHA, *dey*. DUBOIS-THAINVILLE.

N° 2.

LETTRE

DE MUSTAPHA-PACHA,

Dey d'Alger,

AU PREMIER CONSUL,

LE 13 AOUT 1802.

Au nom de Dieu seul, de l'Homme de Dieu, maître de nous, illustre et magnifique seigneur, Mustapha pacha, dey d'Alger, que Dieu laisse en gloire,

A notre ami Bonaparte, premier consul de la république française, et président de la république italienne :

Je vous salue, la paix de Dieu soit avec vous.

Ci-après, notre ami, je vous avertis que j'ai reçu votre lettre datée du 29 messidor ; je l'ai lue. Elle m'a été remise par le général de votre palais et votre vekil Dubois-Thainville : je vous réponds article par article.

1º Vous vous plaignez du rais Ali-Tatar; quoiqu'il soit un de mes joldachs, je l'ai arrêté pour le faire mourir. Au moment de l'exécution, votre vekil m'a demandé sa grâce en votre nom, et pour vous je l'ai délivré.

2º Vous me demandez la polacre napolitaine prise, dites-vous, sous le canon de la France; les détails qui vous ont été fournis à cet égard ne sont pas exacts; mais, selon votre désir, j'ai délivré dix-huit chrétiens formant son équipage, que j'ai remis à votre vekil.

3º Vous me demandez un bâtiment napolitain qu'on dit être sorti de Corfou avec des expéditions françaises. On n'a trouvé aucun papier français; mais, selon vos désirs, j'ai donné la liberté à l'équipage, que j'ai remis à votre vekil.

4º Vous me demandez la punition du rais qui a conduit ici deux bâtimens de la république française; selon vos désirs, je l'ai destitué; mais je vous avertis que mes rais ne savent pas lire les caractères européens; ils ne connaissent que le passeport d'usage, et, par ce motif, il convient que les bâtimens de guerre de la république française fassent quelque signal pour être reconnus par mes corsaires.

5º Vous me demandez cent cinquante hommes que vous dites être dans mes États; il n'en existe pas un. Dieu a voulu que ces gens se soient perdus, et cela m'a fait de la peine.

6º Vous dites qu'il y a des hommes qui me donnent des conseils pour nous brouiller; notre amitié est solide et ancienne, et tous ceux qui chercheront à nous brouiller n'y réussiront pas.

7º Vous me demandez que je sois ami de la république italienne. Je respecterai son pavillon comme le votre selon vos désirs. Si un autre m'eût fait pareille proposition, je ne l'aurais pas accordée pour *un million de piastres*.

8º Vous n'avez pas voulu me donner les 200,000 piastres que je vous avais demandées pour me dédommager des pertes que j'ai essuyées pour vous. Que vous me les donniez ou que vous ne me les donniez pas, nous serons toujours bons amis.

9º J'ai terminé avec mon ami Dubois-Thainville, votre vekil, toutes les affaires de Lacalle, et l'on pourra venir faire la pêche du corail. La Compagnie d'Afrique jouira des mêmes prérogatives dont elle jouissait anciennement; j'ai ordonné au bey de Constantine de lui accorder tout genre de protection.

10º Je vous ai satisfait de la manière que vous avez désiré pour tout ce que vous m'avez demandé, et pour cela vous me satisferez comme je vous ai satisfait. —

11º En conséquence, je vous prie de donner des ordres pour que les nations mes ennemies ne puissent pas naviguer avec votre pavillon, ni avec celui de la république italienne, pour qu'il n'y ait plus de discussions entre nous, parce que je veux toujours être ami avec vous.

12º J'ai ordonné à mes rais de respecter le pavillon français à la mer. Je punirai le premier qui conduira dans mes ports un bâtiment français.

Si, à l'avenir, il survient quelque discussion entre nous, écrivez-moi directement, et tout s'arrangera à l'amiable.

Faites-moi le plaisir de donner des ordres pour faire payer à Bacri et Busnach ce que leur doit votre gouvernement, puisqu'une partie de cet argent m'appartient, et j'attends d'être satisfait, comme me l'a promis, en votre nom, votre consul Dubois-Thainville.

Je vous salue, que Dieu vous laisse en gloire.

Alger, le 13 de la lune de Rabiad-Ewel, l'an de l'hégyre 1217.

N° 3.

TRANSACTION

SUR LES RÉCLAMATIONS

DES SIEURS BACRI ET BUSNACH D'ALGER,

ET A LA SUITE, LA LOI DU 24 JUILLET 1820, QUI EN
ORDONNE L'EXÉCUTION.

Le Roi voulant mettre un terme aux réclamations de
la Régence d'Alger, relativement aux créances dont les
sieurs Jacob Coën Bacri et Michel Busnach, négocians
algériens, sollicitent depuis longtemps le paiement, et
prouver à la Régence son désir de maintenir la bonne
intelligence qui existe entre les deux états.

S'étant fait rendre compte à cet effet de la nature et de
la situation desdites réclamations, et ayant reconnu que
le paiement des sommes dues aux sujets algériens a été
formellement stipulé par le traité conclu entre la France
et la Régence, le 17 décembre 1801, et que l'exécution
de cette stipulation, réclamée et annoncée à plusieurs

reprises par le gouvernement français, a encore plusieurs fois été promise depuis le rétablissement de Sa Majesté sur le trône, et notamment *par la déclaration que son* CONSUL GÉNÉRAL *à Alger a été autorisé à faire à la Régence le 29 février* 1816 ;

Considérant qu'il est juste et convenable de réaliser ces promesses qui ont amené le rétablissement des rapports de bonne intelligence et d'amitié entre les deux états ;

Sa Majesté, sur la proposition de son ministre secrétaire d'état au département des affaires étrangères, a chargé les sieurs baron Mounier et baron Hély d'Oissel, ses conseillers d'état, de négocier et de conclure avec les sieurs Bacri et Busnach ou leur fondé de pouvoir, un arrangement pour satisfaire à leurs réclamations.

En conséquence, les sieurs baron Mounier et baron Hély d'Oissel, s'étant réunis avec le sieur Nicolas Pléville, ancien directeur général de la caisse d'escompte, fondé de pouvoir desdits sieurs Jacob Coën Bacri, et Michel Busnach, ainsi qu'il en a été justifié par la procuration de chacun d'eux, trouvée en bonne et due forme, il a été reconnu, après un mûr examen, que les réclamations présentées par ledit sieur Nicolas Pléville, au nom et dans les intérêts respectifs des sieurs Bacri et Busnach, s'élevaient, déduction faite des à comptes délivrés aux réclamans à diverses reprises, depuis 1801 jusqu'à 1809, à la somme de *treize millions huit cent quatre-vingt-treize mille huit cent quarante-quatre francs* (13,895,844 f.)

Que s'il est dans l'intérêt du gouvernement français de terminer par un arrangement à l'amiable toute contes-

tation avec la Régence d'Alger, en raison des réclamations de ses sujets, il n'est pas moins dans l'intérêt des
sieurs Bacri et Busnach d'éviter, par une réduction convenable de leurs prétentions, les retards qu'entraîneraient
une liquidation régulière et la nécessité de produire à
l'appui de diverses créances des pièces justificatives que
l'éloignement des temps et des lieux rendrait difficiles
à réunir;

Les soussignés, d'après ces motifs, ont résolu de fixer,
par une transaction à forfait, une somme au moyen de
laquelle seraient éteintes toutes les réclamations desdits
sieurs Bacri et Busnach, et sont convenus des articles
suivans.

ARTICLE PREMIER.

Le gouvernement français paiera aux sieurs Jacob
Coën Bacri et Michel Busnach, entre les mains du sieur
Nicolas Pléville, leur fondé de pouvoirs, la somme de
sept millions de francs en numéraire.

ART. II.

Cette somme sera payée au trésor royal à Paris, en
douze paiemens égaux de *cinq cent quatre-vingt-trois
mille trois cent trente trois francs trente-trois centimes*
(583,333 fr. 33 c.), chacun de cinq en cinq jours, à
partir du 1er mars prochain, sauf les retenues ou prélève-
mens qui seront ci-après déterminés.

ART. III.

Au moyen de ladite somme de *sept millions* de francs,

toutes créances ou prétentions des sieurs Bacri et Busnach sur le gouvernement français, soit en raison d'indemnité réclamée, soit pour toute autre cause, tant pour le capital que pour les intérêts, sont et demeurent éteintes, de telle sorte qu'aucune réclamation quelconque, et à quelque titre que ce soit, desdits sujets algériens, antérieure à la signature de la présente transaction, ne puisse être ultérieurement présentée.

ART. IV.

Il est bien entendu que sur la somme à délivrer au sieur Nicolas Pléville, en sa qualité de fondé des pouvoirs des sieurs Jacob Coën Bacri et Busnach, le Trésor royal retiendra le montant des oppositions et transports de créances signifiées au Trésor, à la charge de ses deux commettans, jusqu'à ce que ledit sieur Pléville ait obtenu à l'amiable ou devant les tribunaux français la mainlevée desdites oppositions, ou le réglement des droits des cessionnaires, de même qu'il est entendu que la partie de la somme non grevée d'oppositions ou de significations de transports lui sera immédiatement délivrée.

ART. V.

Il est, de plus, convenu que le sieur Jacob Coën Bacri, en exécution de la promesse faite par lui au consul de France, dans le divan, le 29 février 1816, paiera, à la décharge de l'hoirie de David Coën Bacri, d'Alger, son neveu, les créances du sieur Isaac Tarna, s'élevant à *quatre cent soixante-dix-neuf mille trois cent soixante-un francs* (479,361 fr.); celles du sieur François Aiguillon, de Toulon, s'élevant à *trente-neuf mille deux cent soixante-neuf francs* (39,269 fr.), et celle du sieur Joseph Aiguillon, s'élevant à *quarante-cinq mille cinq cents francs* (45,500 fr.); ensemble *cinq cent soixante-quatre mille cent trente francs* (564,130 fr.) (sauf déductions des à comptes qui auraient été payés depuis); lesquelles créances proviennent des fonds remis à feu David Coën Bacri par la chancellerie du consulat de France à Alger en 1810.

Il est bien entendu qu'en raison de ce paiement, les créanciers ci-dessus nommés seront tenus de subroger le sieur Jacob Coën Bacri à leurs droits sur l'hoirie du sieur David Coën Bacri, pour le recouvrement desdites créances acquittées à sa décharge, et que l'obligation spéciale consentie par le sieur David Coën Bacri dans le présent article ne peut, en aucun cas, être considérée comme s'étendant aux autres créanciers de feu David Coën Bacri.

ART. VI.

Il est, au surplus, entendu que les paiemens faits en vertu de l'article précité, par le sieur Jacob Coën Bacri, ainsi que tous les autres paiemens faits par ledit sieur Bacri ou par le sieur Michel Busnach, pour dettes personnelles à l'un d'eux, seront imputés sur la part afférente à chacun dans la somme totale *des sept millions*, lors du réglement de leurs intérêts respectifs.

ART. VII.

Les effets et marchandises dont les agens de la Régence

se sont emparés dans les comptoirs des concessions d'A-
frique, à l'époque de la guerre déclarée à la France le
20 décembre 1798, ayant été mis à la disposition des
sieurs Bacri et Busnach, il est convenu que, sur la somme
dont le paiement est stipulé par l'article 1er, il sera retenu par le Trésor royal, sur le dernier douzième à délivrer au sieur Pléville, celle de *cent onze mille soixante-
dix-neuf francs* (111,079 fr.), qui sera versée à la caisse
des dépôts et consignations, pour servir à indemniser les
ayant-droit au remboursement de la valeur desdits effets
et marchandises.

Au moyen du prélèvement de ladite somme de
111,079 fr., le gouvernement français reconnaît qu'il
n'a plus aucune répétition à former pour l'exécution de
l'article 4 du traité du 1er décembre 1801.

ART. VIII.

Le présent arrangement ne sera exécuté qu'après avoir
été approuvé par le Roi, et après que le dey aura déclaré,
au nom de la régence, qu'au moyen de l'exécution de la
présente transaction, il n'a plus aucune demande à former envers le gouvernement français, relativement aux
créances des sieurs Bacri et Busnach, et qu'en conséquence il reconnaît que la France a pleinement satisfait
aux obligations du traité du 1er décembre 1801.

Fait double à Paris, le 28 octobre 1819.

Signé, MOUNIER, HELY-D'OISSEL, NICOLAS PLÉVILLE.

LOI DU 24 JUILLET 1820.

—

ARTICLE UNIQUE.

Le ministre des finances est autorisé à prélever sur le crédit en rentes affecté, par la loi du 15 mai 1818, au paiement de l'arriéré de 1801 à 1810, la somme nécessaire pour acquitter celle de sept millions en numéraire, dont le paiement a été stipulé par l'arrangement conclu le 28 octobre 1819, pour l'exécution du traité du 17 décembre 1801, entre la France et la régence d'Alger.

N° 4.

NOTICE

LES CONCESSIONS D'AFRIQUE.

On entend par concessions d'Afrique le privilége exclusif accordé depuis plus de trois siècles, par la Régence d'Alger, à des négocians français autorisés à cet effet par leur gouvernement, pour acheter dans certains cantons et villes du royaume d'Alger, et pour importer en France, diverses marchandises, telles que blés, cuirs, laines, cire, suif, etc., à des prix fixés, et en outre le droit de la pêche du corail dans les mers du littoral des cantons où s'exploitait ce commerce, moyennant une redevance annuelle connue sous le nom de *lismes*, fixée dans l'origine à la somme de 17,000 fr. C'est donc proprement une ferme cédée de temps immémorial au commerce de la ville de Marseille par la Régence d'Alger, à un prix très-modéré, comme un présent *de bon ami* et *de bon voisin*.

La pêche du corail donna naissance à ces concessions. Quelques pêcheurs provençaux avaient acheté le droit de l'exploiter : plus tard, la Compagnie royale d'Afrique s'organisa, et joignit au commerce du corail, celui des grains, des laines, cuirs, cire, suifs, etc., dont elle acheta le monopole.

Le premier établissement eut lieu au cap Nègre, et sa date remonte à l'année 1495. On occupa ensuite successivement le cap Roze, le cap Roux et le Bastion. Détruit en 1528 par des corsaires turcs, ce bastion fut rétabli en 1637 par la Compagnie. Le dernier directeur de cette Compagnie, en 1682, époque du premier bombardement d'Alger par Louis XIV, était M. Sanson. Lorsque la paix eut été rétablie entre la France et le royaume d'Alger, par le traité du 24 septembre 1689, ratifié à Paris en mai 1690, la Compagnie d'Afrique traita encore avec la même Régence d'Alger pour reprendre ces concessions. En conséquence, un traité particulier fut conclu à cet effet les 1er et 3 janvier 1694 (lune Émazuel, l'an 1107 de l'hégyre), d'une part, entre le dey, divan et milice de la ville et royaume d'Alger, et d'autre part, la Compagnie des négocians français, représentée par le sieur Annet Caisel, procureur fondé du sieur Pierre Hély, chef et directeur de cette Compagnie. Ainsi, ce traité fut signé par le dey et les chefs du divan, et par le sieur Caisel en sa qualité précitée. Cet acte est la seule pièce authentique fondamentale qui constitue les droits réciproques des deux parties contractantes. Il suffira de la lire, pour se convaincre que le territoire et le littoral dont il est parlé ci-dessus sont loin d'avoir jamais été, dans l'esprit des contractans, *une propriété foncière et territoriale cédée en souveraineté à la France.* J'ai eu connaissance de ce traité, et je suis convaincu qu'il faut ne pas l'avoir vu, pour soutenir l'opinion contraire. D'autres notions positives à ce sujet me sont parvenues par d'anciens négocians qui avaient été intéressés dans ce commerce, et qui connaissaient parfaitement ce traité dans toutes ses dispositions. La guerre qui avait existé entre la France et la Régence d'Alger pendant huit années, de 1682 au 24 septembre 1689, date du traité de paix déjà cité, avait détruit tous les édifices et le bastion nécessaire à la Compagnie pour l'exploitation de cette pêche et de ce monopole. Il y eut un article exprès dans ce traité, l'article 3, qui *permettait à la Compagnie de relever et de réparer tous les édifices détruits,* et ajoutait la faculté, comme une faveur, *d'y bâtir un moulin à vent et de l'entourer* D'UN MUR EN TERRE TRÈS-MINCE *pour le mettre seulement à l'abri des voleurs.* Je citerai encore l'article 9, dont j'ai eu connaissance.

ART. IX.

Si par malheur il arrivait quelque différend qui causât rupture de paix avec l'empereur de France (ce que Dieu ne veuille), ledit Hely ne sera point inquiété ni recherché dans son établissement, n'entendant point mêler une cause particulière avec la générale, ni les affaires d'État avec le négoce qui s'introduit et s'exerce de bonne foi ; mais seront ledit sieur Hely et ses commis,

*nos fermiers adoptés par nous et nos bons amis, main-
tenus en paisible possession et jouissance dudit bastion
et places en dépendantes, attendu le grand avantage
qu'il en revient à la paie des soldats et à tous les habitans de ce royaume.*

Il est sans doute superflu et il me serait impossible de
citer littéralement d'autres articles. Mais ce traité doit se
trouver au ministère des affaires étrangères. Rien ne
peut en empêcher la communication, c'est pour un objet
particulier. L'importance qu'il y a à éclairer les chambres sur cette grave question n'a besoin d'aucun développement. C'est dans ce traité que la redevance pour
ces concessions est portée à environ 17,000 fr. de notre
monnaie. C'est après avoir bien fixé son jugement sur
ce point important, qu'on pourra apprécier à sa juste valeur, et dans toutes ses conséquences, l'allégation du ministre dans son discours à la Chambre, du 10 juillet dernier, douzième alinéa : que « *la souveraineté de la
France sur cette portion de territoire*, etc., *fut méconnue.*

Les villes principales dans lesquelles les marchandises
concédées sont apportées aux agens qui exploitent ce commerce, sont *Bonne*, qui peut être considérée comme le
chef-lieu des concessions; *Lacalle*, située à cinq ou six
lieues de Bonne; *Stora*, à quinze lieues de Bonne, et le
Collo, tout près de Stora.

Dès l'origine, le privilége de ce commerce et de cette
pêche fut donné par le gouvernement français à une compagnie qui l'exploitait à ses risques et périls sous le nom
de *Compagnie d'Afrique*. La révolution la détruisit, et

peu après une nouvelle compagnie, connue sous le nom de *Compagnie Ravel* se forma et fit assez mal ses affaires. Elle ne tira guère du domaine des concessions que des blés et très-peu d'autres articles concédés.

A l'époque de la paix avec Alger en 1801, M. Dubois-Thainville, consul général, qui ne voulait point que ce privilége fût perdu pour le commerce français, et passât aux Anglais, réclama ces concessions du dey, les obtint, et les donna en attendant à administrer à un négociant, nommé Saportès, qui était *censal du consulat français* et sous la protection française, avec la condition que toutes les marchandises concédées seraient envoyées à une maison française à Marseille ; et cette maison fut celle de MM. Étienne Majastre et compagnie, de Marseille, qui ont fait ce commerce jusqu'en 1814. Ces négocians sont encore à Marseille ; ils peuvent attester la vérité des faits. Par cet arrangement, les concessions restèrent acquises au commerce français, qui pouvait à tout moment en disposer à son gré. Ces concessions furent ainsi administrées jusqu'en 1814, époque à laquelle les Anglais s'en emparèrent, en offrant au dey une somme plus forte que celle que payait la France. Lorsque M. Deval fut envoyé consul général à Alger en 1815, il redemanda au dey ces anciennes concessions, et il les obtint en 1817 d'autant plus facilement, que les Anglais s'en étaient déjà dégoûtés. D'après un nouveau traité que le consul Deval conclut à ce sujet avec la Régence le 26 octobre 1817 (15 de la lune de Zilihdje 1232 de l'hégyre), il éleva les redevances à la somme de 60,000 fr., et il organisa en même temps une compagnie provisoire, sous le nom d'Agence, pour administrer ces concessions pour le compte du gouvernement français. Il nomma des agens à Alger, à Marseille, à Bonne, à Lacalle, à Stora et Collo, il fixa leurs appointemens, etc. Le gouvernement approuva tout, et les affaires marchèrent ainsi pour son compte jusqu'au 1er avril 1822, que M. Paret, négociant de Marseille, offrit de s'en charger pour son compte et à ses risques et périls. Son traité est au ministère de l'intérieur (division commerciale); on peut le consulter. Le ministère français les lui céda volontiers, puisque l'administration établie par M. Deval avait été ruineuse pour lui. En effet, la perte éprouvée par le gouvernement pendant les cinq années de la gestion de cette agence s'est montée à plus de *trois cent mille francs,* qui ont été payés en partie par la chambre du Commerce de Marseille, en partie par le Trésor royal, ce qui peut être facilement vérifié par la correspondance. M. Deval était le chef de cette entreprise qu'il avait conçue, organisée; et, en outre, ces concessions étaient devenues bien onéreuses à la France par le traité inconcevable du 24 juillet 1820, qui avait porté à plus de 250,000 fr. par an les redevances qui, trois ans avant, étaient seulement de 60,000 fr. Voyez les traités déjà cités.

Il n'y avait jamais eu de vice-consul à Bonne avant cette funeste administration. Cette place avait toujours été jugée inutile, puisque l'agent de la Compagnie en avait toujours rempli les fonctions honoraires bien plus utilement que tout autre, attendu qu'il veillait bien mieux lui-même à ses propres intérêts, qu'un étranger qui peut souvent les compromettre comme cela est arrivé.

M. Dupré fut le premier consul nommé à Bonne, par ordonnance du 22 juillet 1821 ; et M. Alexandre Deval (neveu du consul-général de ce nom) fut appelé à le remplacer, par ordonnance du 1er avril 1825. Ce vice-consul prit possession de son poste dans le mois de septembre suivant ; et ce fut à cette époque qu'eurent lieu les scènes dont j'ai parlé, et qui devaient naturellement mener à une rupture. Cependant rien ne fut publié, à cet égard, dans le temps ; et tout fut couvert d'un voile impénétrable. Ce n'est qu'à Marseille que quelques détails vinrent à la connaissance du public, par des personnes qui se trouvaient alors sur les lieux ; et c'est par cette voie indirecte que me sont parvenues ces notions incomplètes. Mais deux articles, qui furent imprimés dans l'*Aviso de la Méditerranée*, les 28 et 30 juillet dernier, m'ont rappelé ces premiers détails.

Depuis cette malheureuse rupture avec Alger, les affaires de M. Paret ont été suspendues et tous ses fonds retenus dans les divers ports d'Afrique. Lorsque ce négociant traita dans la bonne foi avec le gouvernement, il ignorait sans doute quelle était notre position politique avec la Régence d'Alger, et quel devait en être le résultat inévitable. Aussi a-t-il des droits incontestables à la justice et à la protection du gouvernement.

✳

N° 5.

RÉSUMÉ

DES DISCUSSIONS

QUI ONT EU LIEU DANS LES DEUX CHAMBRES SUR
LES AFFAIRES D'ALGER, DANS LES SESSIONS
DE 1820, 1827, 1828 et 1829.

Le principal but que nous nous sommes proposé en examinant la question sur les affaires d'Alger étant de la faire connaître aux membres des deux chambres, nous avons pensé qu'il leur serait commode d'avoir sous les yeux le résumé des discussions que ces affaires ont suscitées et la date des discours, afin de pouvoir recourir plus facilement aux sources. Nous avons fait surtout ce travail, parce qu'il nous a paru trop court dans l'annuaire historique et universel de M. Lesur, pour nous bien diriger dans les débats qui vont se rouvrir à ce sujet, et nous avons jugé utile d'ajouter quelques

notes aux discours des ministres pour rappeler notre
exposé précédent et pour relever de graves erreurs.

———

SESSION DE 1820.

DISCOURS DE M. LE MINISTRE DES AFFAIRES ÉTRANGÈRES
DANS LA SÉANCE DE LA CHAMBRE DES DÉPUTÉS,

Du Mardi 20 Juin 1820.

« Le roi, messieurs, nous a ordonné de vous présenter
un projet de loi qui a pour but de pourvoir à l'exécution
d'un engagement conclu entre la France et la régence
d'Alger.

» Pour apprécier un acte de ce genre, il faut connaître les faits qui l'ont précédé et rendu nécessaire. Nous
allons vous les exposer.

» Des négocians algériens ont fourni, pendant les
années 1795 et suivantes jusqu'en 1798, d'immenses
quantités de grains pour l'approvisionnement des départemens du midi et de l'armée d'Italie, le paiement de ces
livraisons se ressentit du désordre des finances (¹) et la
plus grande partie n'en avait point encore été payée
lorsque, par suite de l'invasion d'Égypte, la régence

(¹) Les paiemens furent suspendus parce que divers chargemens de blé
avaient été reconnus avariés, et d'autres fraudes dénoncées. Tel fut le
motif véritable de la suspension du paiement et des contestations qui
en ont été la suite. La correspondance officielle rectifiera ces faits.

d'Alger déclara la guerre à la France. Un des premiers soins du gouvernement consulaire fut de rétablir avec cette régence des relations dont l'utilité pour notre commerce dans la Méditerranée se faisait vivement sentir. Un traité de paix fut signé le 17 décembre 1801.

» Par ce traité, la France obtint la restitution des comptoirs et priviléges commerciaux connus sous le nom de concessions d'Afrique, que l'état de guerre lui avait fait perdre. Elle s'engagea de son côté, par un traité formel, de payer les créances des sujets algériens.

» Les créances furent en conséquence soumises au conseil de liquidation, et plusieurs sommes furent, à diverses époques, remises aux créanciers ; mais la régence, qui leur portait le plus vif intérêt, ne se contenta pas de cette justice lente et partielle ; elle demanda l'exécution franche et immédiate du traité. Des plaintes elle passa aux menaces, et n'étant point écoutée, elle enleva en 1807 (¹) les concessions à la France, et les transporta

(¹) Voyez la Notice sur les concessions d'Afrique, où tout est expliqué. Le consul, qui fut renvoyé violemment d'Alger, non en 1807, comme il est dit dans l'Exposé, mais en 1810 (la correspondance originale rectifiera la date), était le vice-consul de M. Dubois-Thainville, consul général titulaire alors en congé à Paris. Une vive discussion s'éleva à cette époque entre le dey et ce gérant provisoire sur un chargement d'huile provenant d'une prise faite par un de nos corsaires, conduite et vendue à Alger. M. de Champagny était alors ministre des relations extérieures ; le vice-consul fut sacrifié, et M. Dubois-Thainville retourna à son poste. Il n'y avait là rien de relatif à l'affaire Bacri, et les plus fortes discussions qui eurent lieu avec la régence depuis 1806 jusqu'aux premiers jours de 1814, avaient presque toutes pour motif des contestations relatives à des prises faites d'après les décrets du système continental. La correspondance officielle rétablira tous les faits.

aux anglais, et plus tard elle expulsa le consul français.

» Le gouvernement négocia de nouveau pour rétablir
la bonne intelligence et pour réparer une perte si sensible,
plusieurs paiemens eurent encore lieu en 1809, mais la
régence résistait toujours pour que l'on acquittât définitivement le montant des créances de ses sujets. Des promesses à cet égard furent plusieurs fois formellement
répétées ; et en 1813 on s'occupait enfin à les réaliser,
mais d'autres soins absorbèrent l'attention d'un gouvernement alors si voisin de sa chute.

» A son retour en France, le roi trouva donc la nation
dépouillée des priviléges de la pêche et du commerce
dont elle avait joui à Alger depuis plus de deux siècles.
S. M. se fit aussitôt rendre compte des circonstances qui
avaient amené ce fâcheux résultat. Elle reconnut que la
principale cause de l'interruption de nos relations avec
Alger était l'inexécution de l'art. du traité de 1801, qui
avait garanti le paiement des créances des sujets algériens.
Le roi promit ce que la justice exigeait impérieusement.
Il fit déclarer à la régence d'Alger qu'il serait satisfait
aux réclamations de ses sujets. La régence, convaincue
de la sincérité des propositions du gouvernement français, rétablit aussitôt les relations de la bonne intelligence
entre les deux pays, et la restitution à la France des concessions suivit de près cet heureux changement. Il restait
à la France à remplir ses engagemens. On s'est en conséquence occupé de l'examen des créances algériennes.
On reconnut qu'elles faisaient toutes partie de l'arriéré,
mais que la liquidation n'en avait point été terminée; on

chargea la commission des créances étrangères d'achever ce travail, et en attendant, le gouvernement crut convenable de présenter dans les comptes un crédit provisoire de six millions, en annonçant, toutefois, que dans aucun cas la liquidation ne pourrait être au-dessous de cette somme : mais à la suite d'un examen approfondi, on a reconnu qu'il serait plus avantageux aux intérêts du Trésor d'éteindre, par une transaction à forfait, toutes ces réclamations qui s'élevaient encore à 24 millions, et par un arrangement signé le 28 octobre dernier, la somme que la France doit payer pour compléter l'exécution du traité de 1801, a été fixée à sept millions en numéraire. Mais en même temps il a été formellement stipulé, dans les intérêts des sujets du roi, que le Trésor royal retiendrait le montant des oppositions et transports de créance qui lui auraient été signifiés à la charge des créanciers envers lesquels la France s'acquittait, et que les contestations qui pourraient s'élever seraient portées devant les tribunaux. Nous avons reçu du roi l'ordre de vous communiquer cet arrangement ; il a été approuvé par S. M., sur le rapport de nos prédécesseurs, le 10 novembre 1819, et le dey d'Alger y a également adhéré, en déclarant que, par cet acte, le gouvernement français avait pleinement satisfait à tous les engagemens du traité de paix du 17 décembre 1801.

» Pour exécuter cet arrangement, il semble naturel de prélever des fonds nécessaires sur les valeurs affectées aux paiemens des dettes antérieures à 1810; et c'est dans cette pensée qu'a été faite la demande portée au budget de 1818.

» Mais une difficulté s'est présentée, laquelle paraît de nature à ne pouvoir être levée que par une loi. Les créances que cet arrangement doit solder remontent aux années écoulées de 1793 à 1800, exercices qui sont fermés par des lois de finances ; et dès lors l'imputation indiquée ne serait pas régulière : elle ne peut le devenir que par une disposition législative qui autorise à prélever sur les valeurs destinées au paiement de l'arriéré, la somme nécessaire pour acquitter les engagemens contractés ; ce moyen nous paraît préférable, et nous supposons que vous en jugerez de même, à celui de vous proposer, pour satisfaire à cette dépense, d'ouvrir un crédit spécial sur l'exercice courant. Il s'agit, en effet, d'éteindre des dettes qui, par leur origine, remontent à une époque éloignée, et les fonds déjà créés pour solder les dettes de l'arriéré offrent des ressources suffisantes pour l'acquitter. En effet, tout concourt à prouver que les crédits en rentes ouverts par les lois de 1817 et de 1818, pour le paiement de l'arriéré, seront suffisans pour satisfaire à toutes les obligations contractées au nom de l'État ».

PROJET DE LOI.

LOUIS, par la grâce de Dieu, Roi de France et de Navarre ;

A TOUS PRÉSENS ET AVENIR, SALUT ;

Nous avons ordonné et ordonnons que le projet de loi dont la teneur suit sera présenté en notre nom à la chambre des députés des départemens par notre ministre secrétaire d'État au département des affaires étrangères, et par le baron Capelle conseiller d'État que nous chargeons d'en exposer les motifs et d'en soutenir la discussion.

Art. 1er Le Ministre des Finances est autorisé à prélever sur le crédit en rentes affecté par la loi du 15 mai 1818, au paiement de l'arriéré de 1801 à 1810, la somme nécessaire pour acquitter celle de 7 millions en numéraire dont le paiement a été stipulé par l'arrangement conclu le 28 octobre 1819, pour l'exécution du traité du 17 décembre 1801 entre la France et la régence d'Alger.

Art. 2. Donné à Paris, le 20 juin de l'an de grâce 1820, et de notre règne le vingt-sixième.

Signé Louis.

Par le Roi,

Le Ministre Secrétaire d'État au département des affaires étrangères,

Signé, Pasquier.

La chambre des députés donna acte au Ministre de ce projet de loi et en renvoya l'examen dans ses bureaux. La commission nommée à cet égard, était composée de MM. Grignon, d'Auzouer, le Marchant de Gomicourt, le comte de Floirac, Bedoch, Ternaux, le baron Méchin, Bogne de Faix, Basterrèche.

M. Basterrèche fit son rapport (Voyez la page 1005 du *Moniteur* suite de la séance du 11 juillet 1820, première colonne). La commmission proposait l'adoption du projet avec un amendement dans l'intérêt de quelques créanciers français que la commission croyait avoir été négligés dans le projet.

MM. Alexandre de Lameth, Sappey, Méchin, Benjamin-Constant, Lainé de Ville l'Évêque et Manuel parlèrent sur et contre le projet. (Voyez *le Moniteur* de juillet 1820, pages 1006 et suiv.) Cette affaire n'était point connue de la chambre, mais on remarquait cependant une grande défiance sur le but et les motifs qui avaient dicté ce projet. MM. le général Sébastiani, Beugnot, Bedoch et Courvoisier appuyèrent l'adoption de la loi. Une question incidentelle sur les prérogatives de la chambre et les droits de la Couronne en ce qui concerne les traités de la France avec les puissances étrangères et leur exécution, amena de vives et longues discussions dont il serait trop long ici de donner les détails. (Voyez *le Moniteur*).

Cette question très-délicate et souvent dangereuse à trop approfondir en public pour ne point affaiblir la confiance que les gouvernemens étrangers doivent avoir dans la parole du roi de France, fut encore pour la centième fois un vaste champ pour les ministres d'étaler un grand dévouement pour la personne sacrée du Roi, dont on cherche toujours à isoler les droits et les prérogatives des intérêts du peuple qui en sont cependant inséparables. J'appellerai donc l'attention publique sur

l'opinion de M. Courvoisier (*Moniteur*, page 1008,
2e colonne, 2e alinéa), qui, après avoir établi le principe absolu, ajoute : « Mais si l'état est lésé, c'est sur
» les conseillers du prince que retombent le blâme et la
» vengeance ; les ministres qui ont contresigné l'acte
» peuvent être mis en accusation ; les fastes de l'Angle-
» terre ont à la fois consacré ce principe et fourni
» l'exemple. »

J'ai la confiance que cette affaire fera sentir la nécessité de ne plus contester à la chambre le droit d'enquête,
droit inséparable de celui qu'on ne lui conteste pas d'accuser les ministres.

Tous les conseillers de la couronne répètent sans
cesse qu'ils sont responsables, qu'on peut les accuser.
Mais sans le droit d'enquête, et ces Messieurs le savent
bien, ce droit n'est qu'un mot dérisoire, tous les documens qu'ils peuvent soustraire, tronquer ou interprê-
ter, etc., comme dans le cas présent, sont en leur pouvoir, et leurs agens pourront toujours répondre qu'ils ne
doivent compte qu'à ceux dont ils ont reçu mission, ce
qui élude toute réponsabilité, aussi nécessaire à la sta-
bilité du trône qu'à la défense des intérêts sociaux.

CHAMBRE DES PAIRS.

L'exposé à la Chambre des pairs, par le ministre des affaires étrangères, sur cette affaire, fut presque dans les mêmes termes que celui qui fut présenté à la Chambre des députés. (Voyez *le Moniteur*, page 1036, séance du 14 juillet, 3e colonne.)

Le rapport de la commission de la Chambre des pairs, séance du 20 juillet (Voyez *le Moniteur*, page 1063, fin de la 3e colonne), fut pour l'adoption pure et simple du projet de loi.

M. Capelle, commissaire du roi, défendait le projet, avec le ministre des affaires étrangères.

La même ignorance des faits et la même défiance qu'on avait remarquées dans la chambre élective lors de la discussion, se reproduisirent encore dans les débats de la Chambre haute. Voyez dans la séance du 21 juillet, (*Moniteur*, page 1068, 3e colonne) les discours remarquables de M. le comte de Ségur et de M. le duc de Praslin. Cette loi trouva même pour l'adoption une forte opposition de 41 voix sur 119 votans.

SESSION DE 1827.

Cette session fut close le 22 juin 1827, sans qu'il ait été donné aux chambres aucunes notions sur les affaires d'Alger, quoique l'affront fait au consul eût eu lieu le 30 avril, et que l'escadre qui devait obtenir réparation du dey ou faire le blocus fût partie dans les premiers jours de juin de Toulon, et arrivée à Alger le 11 du même mois.

———

SESSION DE 1828.

Il fut peu question, dans cette session, à la Chambre des députés des affaires d'Alger. Dans la séance du 4 juillet, au sujet du budget du ministère des affaires étrangères, on citera seulement un passage (7e *paragraphe*) du discours de M. Bignon :

« Quant à ce qui concerne la régence d'Alger, le mi-
» nistère nouveau peut sans crainte répudier les actes de
» ses prédécesseurs, qui, après s'être dégradés par une
» humilité servile auprès des nations policées, sont de-
» venus tout à coup orgueilleux et superbes envers un pe-
» tit État, et l'ont contraint à recourir à la force des
» armes à propos d'une rupture dont on ignore la véri-
» table cause. On l'attribue aux prétentions trop élevées
» d'un agent français, au remboursement mal dirigé
» d'une créance, ou à l'instigation d'un pouvoir italien.
» Si ces bruits sont faux, le ministère doit les démentir;
» il doit savoir qu'une exposition franche des faits est
» toujours accueillie par une nation franche et géné-
» reuse. »

Le ministre des affaires étrangères répondit : « que,

» sans rechercher quelles ont été les causes de la guerre
» d'Alger, de telles mesures sont prises, que bientôt la
» France obtiendra les justes réparations qui lui sont
» dues. »

SESSION DE 1829.

Cette session présenta une discussion très-animée
sur l'affaire d'Alger. MM. Duvergier de Hauranne,
Laîné de Villesvêque et Étienne, dans les séances des 5
et 7 mai, et MM. Alexandre de Laborde et Thomas,
dans la séance du 10 juillet suivant, prononcèrent des
discours qu'il est important de lire avec attention parce
qu'ils contiennent le sommaire des événemens et des
entreprises dont cet écrit doit être le développement. Il
est difficile d'en donner une analyse, mais une lecture
attentive des deux derniers discours de MM. Alexandre
de Laborde et Thomas aurait dû ouvrir les yeux du
ministère sur les véritables causes de cette guerre, et les
fautes graves commises dès l'origine de cette affaire.

On trouvera ci-après le discours en entier prononcé
par M. le ministre des affaires étrangères, dans la séance
du 10 juillet dernier, en réponse aux orateurs qui avaient
déjà parlé sur ces affaires d'Alger. Nous l'avons accompagné de notes pour relever les inexactitudes qu'il con-
tient, et pour faire remarquer des points essentiels igno-
rés jusqu'à ce jour.

DISCOURS

DU MINISTRE DES AFFAIRES ÉTRANGÈRES.

MESSIEURS,

« Je viens donner à la chambre quelques explications qui paraissent nécessaires d'après le discours qu'elle vient d'entendre. Ce n'est pas que j'adopte entièrement les principes développés par l'honorable orateur auquel je succède; le droit de faire la guerre et la paix appartient au Roi.... (*Rumeurs à gauche.*) Je demande à la chambre la permission de répéter : Le droit de faire la guerre et la paix appartient au Roi; il n'est soumis, il ne s'est soumis par aucune des dispositions de la Charte à justifier ses résolutions à cet égard devant les chambres. Mais lorsqu'il déclare la guerre, nécessairement cette déclaration entraîne des demandes d'argent et d'hommes. Ces demandes d'hommes et d'argent sont portées aux chambres, et doivent être appuyées de documens qui peuvent et doivent les justifier. C'est en ce sens seulement que la communication de ces documens peut être réclamée, et c'était une observation que je voulais faire parce que je la croyais juste et nécessaire. (*Adhésion.*)

« La question relative au blocus d'Alger est simple.

» Le chef d'une régence barbaresque a refusé au Roi de France la satisfaction qui lui était demandée; il n'a

XXXVIII

répondu que par des récriminations aux reproches qui lui étaient adressés ; il a déclaré formellement la guerre à la France le 15 juin 1827 (¹).

» A cette époque, le Roi ordonna le blocus des côtes d'Alger. Ce blocus dure encore. L'intention du gouvernement n'est point de le perpétuer; c'est une charge pesante pour l'État, et cette charge s'accroît des pertes qu'un tel état de choses impose à notre commerce. Mais la prudence permet-elle de ne point allouer les fonds que le Gouvernement réclame pour la continuation des mesures qui doivent amener le dey d'Alger à des sentimens plus modérés? C'est là toute la question.

» On a demandé souvent quelles avaient été les causes d'une rupture si long-temps prolongée.

» On a paru croire qu'elles n'avaient rien de sérieux.

» Un honorable orateur, lors de la discussion du budget des affaires étrangères, a dit à cette tribune que ce n'était qu'après la restauration et dans l'année 1820, à la suite de circonstances fort extraordinaires, qu'il s'engagea à faire connaître à la chambre, lors de la discussion de la loi actuelle, que la rente payée au dey d'Alger pour les concessions d'Afrique fut tout à coup portée de 17,000 fr. à 200,000 fr. Son absence ne doit point me dispenser de donner moi-même à la chambre, sur ce sujet, les explications qu'il peut comporter (²).

(¹) Cette assertion n'est pas exacte. La déclaration du blocus et de la guerre a été faite par le commandant français et le consul Deval, à la suite de l'ultimatum notifié dans la journée du 12 juin. Ainsi c'est la France et non le dey qui a déclaré la guerre. (*Annales maritimes*, 1827-8-9, pag. 192 et *Moniteur* du 1er juillet.)

(²) L'assertion de cet orateur pouvait n'être pas exacte dans tous les

» Un exposé succinct des faits suffira pour rectifier les fausses notions qui se sont répandues. Propagées d'abord par des hommes blessés dans leurs intérêts, elles ont été accueillies par cette disposition naturelle qui les porte à juger sévèrement les actes du pouvoir, et à se dédommager ainsi, par la désapprobation et la censure, de la nécessité de s'y soumettre et d'en supporter les conséquences.

» Ce n'est point un fait isolé qui amena la rupture entre la France et la régence d'Alger.

« Nos griefs remontent jusqu'à l'époque de l'accession au pouvoir du dey actuel Hussein-Pacha, en 1818;

---

détails ; mais l'ensemble est plus conforme à la vérité que tout ce que dit à cet égard le ministre. Les redevances pour les concessions d'Afrique, fixées à 17,000 francs par le traité du 1ᵉʳ janvier 1694, sont restées à ce taux pour la France jusqu'en 1798, époque de la guerre d'Égypte. S'il existe un autre traité conclu en 1790 qui porte ces limes à 60,000 fr., que le ministre le produise avec la correspondance du consul signataire. Le traité de 1801 les maintient au même taux qu'avant la guerre. Ainsi c'est depuis l'administration de M. Deval, et par le traité qu'il conclut le 26 octobre 1817, que ces limes furent d'abord élevées à la somme de 60,000 fr.; et par un traité postérieur du 24 juillet 1820, dont parle le ministre, ces redevances furent, sans aucun motif, élevées à la somme énorme de plus de 250,000 fr., sans compter d'autres donatives. Bien plus, M. Deval consentit encore, dans le même acte, à ce qu'il n'y eût plus d'agent français à Collo et Zigcy, où les négocians français ne pourraient plus acheter de marchandises. Par ce traité, il était également défendu à l'agent français de louer plus de trois ou quatre maisons à Bonne, et aux coralleurs d'en louer en leur nom. Sans doute le ministre n'a pas lu ce traité ni celui de 1694, et son discours aura été fait évidemment par des personnes mal infor mées. L'exhibition des traités originaux et de la correspondance doi mettre la vérité au grand jour.

mais c'est depuis 1824 surtout qu'ils ont acquis plus de gravité (¹).

» A cette époque, contre la teneur expresse des traités, des perquisitions furent exercées dans la maison consulaire de France à Bonne (²), sous prétexte de contrebande. Des autorisations illicites de séjourner et de commercer dans cette ville et sur les côtes de la province de Constantine, furent accordées à des négocians anglais et mahométans. Un droit arbitraire de 10 pour 100 fut établi sur les marchandises introduites dans ces contrées pour le compte de l'agent des concessions françaises (³).

» En 1826, des navires appartenant à des sujets du Saint-Siége, mais couverts du pavillon blanc et de la protection de la France, furent injustement capturés (⁴),

(¹) C'est depuis que ce dey s'est plaint d'avoir été trompé, et dépouillé de ce qui lui était légitimement dû sur les 7,000,000 fr.

(²) Il est très-important de lire la correspondance officielle sur ce qui s'est passé à Bonne et à Lacalle sous le premier vice-consul *Dupré* dans les années 1822, 1823 et 1824, et surtout à l'arrivée du vice-consul *Alex. Deval,* dans le mois de septembre 1825. On verra si c'est le dey qui a méconnu nos droits, ou si c'est l'agent français qui a enfreint le traité de 1694, en prenant militairement possession de ces contrées.

(³) Il faut lire à cet égard le traité du 24 juillet 1820, et connaître exactement quelles sortes de droits ont été perçus.

(⁴) Cette assertion de la part du ministre constate la violation manifeste de notre part de nos traités avec la régence d'Alger, dans la disposition surtout expressément consentie par le traité du 29 mars 1790 déjà cité dans l'écrit, et confirmé par le onzième paragraphe de la lettre de Mustapha dey au premier consul, du 13 août 1802, annexée à cet écrit sous le n° 2.

et la restitution en fut refusée. Des propriétés françaises
saisies à bord d'un navire espagnol furent confisquées (¹).
Ainsi furent violés les deux principes qui ont constam-
ment servi de base à nos transactions avec les régences
d'Afrique : que le pavillon français couvre la marchandise (²) quelle qu'elle soit, et que la marchandise
française est inviolable, même sous le pavillon ennemi.
Des visites arbitraires et des déprédations furent commises à bord des navires français. La souveraineté de la
France sur cette portion de territoire qui se trouve comprise entre la rivière Seibus et le cap Roux, et dont elle
est en possession depuis le milieu du quinzième siècle,
fut méconnue (³). Une somme de 2,500,000 fr. reste
d'une créance déjà remboursée à des Juifs algériens, pour
des fournitures de grains qu'ils avaient faites dans les
premières années de la république, versée dans la caisse
des dépôts et consignations pour y servir de gages aux
créanciers français des sieurs Busnach et Bacri, en exécution d'une transaction passée, le 28 octobre 1819,
entre des commissaires du roi et les fondés de pouvoirs

(¹) Il faut connaître sur quel titre on a pu fonder cette propriété.

(²) Mais il ne faut pas que ce pavillon soit accordé *à des étrangers*,
ou bien ce serait violer les traités en vigueur. Relisez la note 4 page xL.

(³) En vertu de quels titres la France est-elle donc souveraine de ce
territoire en Afrique, où Louis XIV, avec toute sa puissance, ne put
jamais obtenir la propriété d'un arpent de terre qu'il réclamait par tous
les moyens possibles? Le traité de 1694 le démontre suffisamment, et
prouve que cette *souveraineté* n'était que la jouissance d'un établissement commercial. Les désordres survenus à Bonne et à Lacalle, où
le sang même a coulé en 1825, proviennent en grande partie, nous
sommes fâchés de le dire, des fautes de notre administration.

de ces sujets algériens, fut violemment réclamée en termes fort inconvenans, ainsi que le remboursement d'une autre somme de 2,000,000 de fr., que le dey d'Alger accusait le consul-général de France à Alger d'avoir reçus, pour prix de prétendus bons offices qu'il aurait accordés à Bacri, alors privé de la liberté et chargé de fers par son maître (¹).

» Enfin, pendant que le gouvernement se disposait à faire à ces réclamations une réponse qui aurait contenu l'énumération de nos griefs et la demande de leur redressement, le 30 avril 1827, lorsque le consul-général de France venait de se rendre auprès du dey dans une occasion solennelle, pour le complimenter, suivant l'usage, la veille des fêtes musulmanes, une insulte grossière répondit seule à cet hommage accoutumé (²).

» Vous savez, Messieurs, quelles furent les suites de cette offense, et si vous admettez les conséquences onéreuses des mesures que le gouvernement du Roi se vit forcé d'adopter pour obtenir la réparation qui lui est due, et pour arrêter le cours, toujours croissant, de la violation de nos priviléges, de nos droits, de l'honneur du pavillon du Roi, vous l'absoudrez du reproche de précipitation qui lui a été adressé. Vous ne voudrez pas déserter une cause si française, et réduire l'administration à l'impossibilité de terminer, d'une manière convenable et conforme à la dignité de la couronne et du pays, un différend d'une nature si pénible.

(¹) Voyez ci-dessus la note 2 parge XL.
(²) Voyez l'historique de cet affront dans le cours de cet écrit.

» Mais les reproches d'un autre orateur, dont les affaires d'Alger ont été l'occasion, sont-ils mieux fondés?

» L'article 14 du traité de 1694 avait fixé à 17,000 fr. la redevance annuelle que la France devait payer au dey pour le droit de propriété de ses forteresses, et pour la pêche du corail sur les côtes de Barbarie.

» En 1790, un traité porta cette redevance à 60,000 francs (¹).

Un traité de 1801 les maintint à ce taux, et ceci suffirait pour écarter la supposition que ce n'est qu'en 1820, et à la suite de circonstances fort extraordinaires, que les limes furent tout à coup portées de 17,000 francs à 200,000 francs (²).

» Mais d'autres circonstances concourent encore à établir que cette augmentation n'a point été l'ouvrage de la complaisance ou de la faiblesse du gouvernement du Roi depuis la restauration, et qu'il y a été amené par le cours naturel des choses (³).

» Vers la fin de 1806, une rupture éclata entre le gouvernement français et le dey d'Alger. Nous fûmes expulsés des concessions d'Afrique (⁴). Le dey les abandonna

(¹) Voyez la note 1 page xl. Que le ministère produise donc ce traité original; Il faut des titres authentiques et la correspondance à examiner par des hommes spéciaux.

(²) Voyez la même note.

(³) Voyez la même note, et qu'on produise la correspondance originale, qui seule peut faire foi.

(⁴) Qu'on exhibe la correspondance du consul général M. Dubois-Thainville, et qu'on interroge à Marseille les négocians français qui recevaient alors et qui ont reçu depuis jusqu'en 1814 les marchandises provenant de ces concessions, ainsi que tout est expliqué dans la Notice ci-jointe sur les concessions, n° 4.

ou les loua aux Anglais pour dix ans, à raison d'une rente annuelle de 200,000 fr. Dans les derniers mois de 1816, le bail des Anglais expira. La France fit valoir ses droits; la régence exigeait que l'augmentation des limes fût maintenue. Ce qui importait avant tout, c'était de nous remettre en possession du territoire (1) et de la pêche qui nous appartenaient. Au mois de mars 1817, une convention fut conclue; elle maintint la redevance au taux fixé par les Anglais. Toutefois cette convention ne reçut aucune exécution, et par un traité signé le 26 octobre 1817 avec Aly-Dey, prédécesseur d'Hussein-Pacha, les limes furent réduites à 60,000 fr., somme stipulée en 1790 et 1801 (2).

»A la vérité de nouvelles difficultés amenèrent de nouveaux arrangemens, et par un traité du 24 juillet 1820, les limes furent portées à la somme que les Anglais avaient payée pendant dix ans, c'est-à-dire à 200,000 francs; ce ne fut donc pas subitement et tout à coup que cette augmentation fut consentie, et ce ne fut qu'après un débat prolongé que la France se résigna à un sacrifice pécuniaire, dont l'Angleterre lui avait donné l'exemple.

»L'honorable préopinant, qui a traité ce sujet avec une sorte de prédilection, s'est attaché à faire ressortir la différence qui existe entre ce chiffre et la somme de 25,000 f. inscrite au budget des affaires étrangères pour faire face à cette dépense. Il m'a fait l'honneur de me demander par

(1) Voyez la note 2 page XL.
(2) Voyez la note 1 page XL.

quélles conventions postérieures, qui lui étaient inconnues, les limes avaient été augmentées d'un cinquième, ou si je prévoyais qu'elles devaient l'être par un nouveau traité à intervenir.

» L'explication est facile ; je la tire du budget qui a été soumis aux chambres par le département des affaires étrangères pour l'année 1827, et des divers éclaircissemens qui ont accompagné et suivi sa présentation. On y voit qu'outre les limes qui sont dues à la régence, nous avons à faire aux autorités secondaires une certaine quantité de donatives d'usage, qui varient annuellement de 15 à 30,000 fr., et qu'enfin une somme de 20,000 fr. doit encore être ajoutée au chiffre des limes pour les réparations et l'entretien du fort de Lacalle. Il n'est donc besoin de supposer ni l'existence d'une convention secrète, ni le projet d'une stipulation future pour expliquer une différence dont les causes ont été publiquement exposées (¹).

» Quelques mots encore sur d'autres reproches adressés au gouvernement à l'occasion de cette interminable question d'Alger, qui semble destinée à lasser la patience de la chambre, comme le blocus celle du dey. -

(¹) Cette explication sera bien plus simple et bien plus péremptoire, en examinant le traité conclu entre M. Paret et le ministre de l'intérieur au sujet desdites concessions, sous la date du 1ᵉʳ avril 1822. On connaîtra par cette transaction si le gouvernement français s'est encore engagé à payer quelques donatives, ou si tous les frais sont à la charge de ce négociant, comme je l'ai ouï dire. C'est alors seulement qu'on verra si on a porté à la charge de notre Budget des sommes qui auraient dû être payées par ce négociant. Cette transaction doit se trouver au ministère de l'intérieur, division du commerce.

» Il n'est point exact de dire qu'un voile impénétrable ait couvert la liquidation de la gestion des concessions d'Afrique pour le compte du gouvernement. Cette liquidation a été faite sous la présidence du préfet des Bouches-du-Rhône par une commission de négocians de Marseille, tous membres de la chambre de commerce. Les pertes n'ont été que de 300,000 fr. du 1er avril 1817 au 31 mars 1822, durée de l'exploitation du gouvernement, c'est-à-dire d'environ 60,000 fr. par an. Cette somme n'a point été acquittée sur les fonds de l'État, soit par les dépenses secrètes du ministère des affaires étrangères, soit par les fonds destinés aux présens diplomatiques et à d'autres emplois mystérieux où les chambres n'ont jamais vu et ne verront jamais clair.

» La chambre de commerce de Marseille en a payé les deux tiers sur un fonds spécial, dont la destination est de pourvoir à l'entretien de nos établissemens dans le Levant, et qui provient d'un droit de deux pour cent imposé sur les marchandises de ce pays, importées en France par navires ou pour comptes étrangers. Le dernier tiers a été payé avec les produits postérieurs des rétributions imposées aux bâtimens étrangers, admis à pêcher le corail sur les côtes qui nous appartiennent, et au moyen d'un appoint de 16,691 fr. 68 c., fourni par le ministère des finances sur les fonds du Trésor, ainsi qu'il résulte de l'état n° 6, du compte rendu par le ministère des affaires étrangères dans la présente session (¹).

(¹) Qu'importe dans quelle caisse on a puisé l'argent pour payer les pertes énormes qu'a occasionées cette administration. Et comment est il arrivé que le ministère fit tant valoir aux chambres les grands

» La chambre voit, et sa commission des comptes a pu se convaincre qu'il n'a été besoin pour solder cette dépense de recourir ni aux fonds du ministère des affaires étrangères, qui sont insuffisans pour remplir leur destination, ni aux fonds destinés aux présens diplomatiques, ou à d'autres emplois mystérieux. Il n'y a donc eu dans toute cette affaire ni mystères, ni secrets, et voilà à quoi se réduisent ces opérations ruineuses, ces dilapidations incroyables, occasionées au reste en grande partie par la baisse subite que produisirent à cette époque, dans le prix du corail et des céréales, l'abondance des dernières pêches et l'arrivée des blés d'Odessa sur le marché (¹).

» Une dernière erreur demande une dernière réponse. On a supposé que le ministère des affaires étrangères n'avait jamais compté le produit de la rétribution annuelle des corailleurs étrangers admis à pêcher sur les côtes de Bonne sous pavillon français. Les détails les plus étendus sur cette matière se trouvaient à l'appui du compte rendu aux chambres en 1826, et votre commission des comptes a, cette année, reçu tous les renseignemens nécessaires pour établir ceux de la perception de 1827.

» Ces renseignemens sont étrangers à mon administration, je le sais; mais j'ai cru les devoir à la chambre.

avantages de ces concessions (session de 1820), dans le même temps où il devait connaître qu'elles nous occasionaient des pertes?

(¹) Tout sera expliqué lorsqu'on aura fait les examens dont il est parlé dans la note ² page XXXVIII.

J'ai pensé qu'au moment où elle s'occupait, pour la dernière fois dans cette session, de l'affaire d'Alger, il convenait de dissiper les préventions qui s'étaient emparées des meilleurs esprits, et qui pouvaient n'être pas sans influence sur la décision que vous allez rendre.

Sans doute, messieurs, il est temps de mettre un terme à la durée de ces hostilités prolongées dont la dignité et les intérêts matériels de la France ont également à souffrir. Nous en rechercherons les moyens avec activité et constance (¹). De nouvelles mesures sont prises, et le courage et l'intelligence exercée de nos marins nous permettront d'en espérer un heureux succès. Mais ce serait une économie mal entendue, que celle qui indiquerait d'une manière fatale le terme de nos efforts : elle encouragerait le dey d'Alger dans son obstination et sa résistance ; elle pourrait nécessiter un jour de bien plus grandes dépenses et de bien plus larges sacrifices, car les offenses faites à la couronne de France ne se prescrivent jamais. » (*Mouvement général d'adhésion.*)

_____

(¹) Le ministre veut parler sans doute du projet qu'on avait de la dernière négociation confiée à M. le commandant de la Bretonnière. Qu'on exhibe les instructions qui lui furent données, les divers rapports que ce commandant a dû adresser au ministère, et l'on verra que nos exigences étaient telles qu'on ne pouvait espérer la paix.

PARIS. — IMPRIMERIE D'ÉVERAT,
rue du Cadran, n° 16.

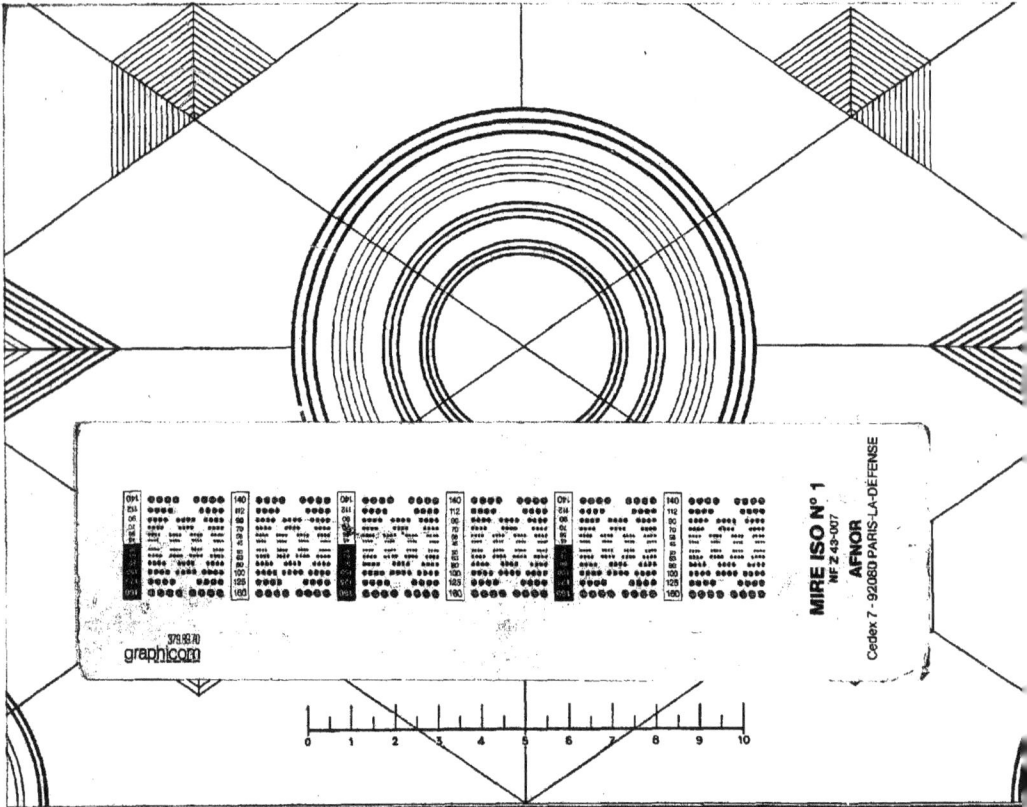

MIRE ISO N° 1
NF Z 43-007
AFNOR
Cedex 7 - 92080 PARIS-LA-DÉFENSE

graphicom
379.9870

0 1 2 3 4 5 6 7 8 9 10

SERVICE PHOTOGRAPHIQUE